L'HONNEUR BAFOUÉ
D'UN OFFICIER

Conseiller éditorial :
Pascal CATUOGNO

COLONEL MAZÈRES

L'HONNEUR BAFOUÉ D'UN OFFICIER

ÉDITIONS DU
ROCHER
Jean-Paul Bertrand

ISBN 2 268 03557 3

À ma femme et à mes filles.
À mon père et à ma mère.
À tous ceux qui m'ont gardé leur confiance.

Le dépassement de soi-même
est la seule course qui ne s'arrête jamais.

PRÉFACE

« Le cœur doit marcher avant l'esprit,
et l'indulgence avant la sévérité. »

Joseph Joubert,
moraliste français (1754-1824).

Ce livre n'est pas un plaidoyer *pro domo*. Ce n'est pas non plus un document justificatif pour rejeter sur autrui la responsabilité de faits qualifiés de criminels. C'est, plus simplement, la confession d'un honnête homme qui tente d'expliquer le processus qui l'a conduit à se fourvoyer dans une entreprise contraire aux traditions de la gendarmerie, l'institution militaire à laquelle il est attaché depuis sa naissance et au sein de laquelle il s'est engagé au service de l'État.

Il est normal de s'interroger sur les circonstances qui ont conduit des hommes, dont la première mission consiste à faire respecter la loi, à se compromettre dans l'exécution d'une machination dont la finalité légitime n'autorisait pas, pour autant, le recours à des procédures illicites. Le récit du colonel Mazères répond à cette interrogation.

Il montre comment, dans une situation exceptionnelle, dans un environnement hostile, dans une ambiance délétère, des hommes en charge d'une mission impossible en viennent à oublier les règles qui doivent gouverner leurs actions.

Ce livre aide à comprendre. Comprendre n'est pas excuser. Mais cela peut éviter de juger trop hâtivement. Il est plus facile de condamner au nom de l'intransigeance que d'examiner objectivement les faits en recherchant l'origine des erreurs commises. Se croyant dépositaire d'un secret d'État qu'il ne pouvait trahir, le colonel Mazères a fait siens les propos d'Eugène Labiche (dans *Les vérités du Capitaine Tic*) selon lesquels « il y a des circonstances où le mensonge est le plus saint des devoirs ». Il a péché par naïveté, qualité militaire préférable à la malice. Il rétablit là sa vérité.

J'ai fait la connaissance d'Henri Mazères au printemps de 1988 alors que je venais de quitter le commandement de la légion de gendarmerie de Corse pour rejoindre la sous-direction des télécommunications et de l'informatique à la direction générale de la gendarmerie nationale où il avait en charge le secteur des télécommunications. J'ai rapidement constaté que cet officier supérieur, s'il disposait incontestablement des compétences techniques de haut niveau requises pour son emploi, réunissait également les qualités foncières que l'on attend d'un homme engagé au service de son pays : disponibilité, assiduité, dévouement, ardeur au travail, courage intellectuel, esprit de discipline, sens de l'humain. Si je n'imaginais pas, alors, que je serais appelé, quatre ans plus tard, à exercer les fonctions de major général de la gendarmerie, je considérais rapidement que ce collaborateur d'élite pouvait légitimement prétendre accéder aux plus hautes responsabilités dont un officier de cette arme peut-être investi. Il avait déjà prouvé à la tête de la compagnie de gendarmerie de Dax qu'il n'était pas seulement le spécialiste des problèmes techniques que j'appréciais, mais aussi un chef militaire au sens plein du terme. Il devait le confirmer un peu plus tard lorsque le commandement de l'important groupement de gendarmerie de Seine-et-Marne lui était confié. Il possédait les atouts pour réussir ce qu'il est convenu d'appeler une brillante carrière sans qu'il lui soit nécessaire d'intriguer ni de courtiser.

J'avais quitté le service actif lorsqu'il fut choisi pour commander la légion de gendarmerie de Corse mais je l'aurais désigné sans hésiter si j'avais eu à le faire. Ce n'était pourtant pas un cadeau à offrir à l'ami qu'il était devenu pour moi. Mais je me sentais fier qu'il fût un de mes successeurs dans le guêpier corse : cela me valorisait rétrospectivement !

Je l'avais averti des difficultés qui l'attendaient et lui avais conseillé la lecture des « correspondances » de Paul Bourde au journal *Le Temps* écrites en 1887 et rééditées en 1983 par Laffitte Reprints à Marseille. En voici trois extraits significatifs.

Page 194 : « Sur le continent, on aime le gendarme, instrument visible de la paix publique. En Corse, on le hait, parce que le pouvoir au nom duquel il agit est suspect d'arbitraire. Ce n'est pas un justicier devant l'autorité duquel tout le monde s'incline, c'est un ennemi comme un autre contre lequel on se défend. »

Page 275 : « Les Corses s'offensent de la nomination d'un fonctionnaire continental dans l'île comme d'un vol de place, commis à leur détriment, comme d'une usurpation de l'étranger. »

Page 278 : « Et tant que l'on n'aura pas appris la légalité aux Corses, tant que l'on n'aura pas inspiré la confiance dans la justice sociale, les mœurs corses ne changeront point, et les attentats et le banditisme en renaîtront perpétuellement, quelques mesures que l'on prenne pour les réprimer.

Depuis cent vingt ans bientôt qu'elle occupe l'île, la France manque à sa mission. »

On constate alors que rien n'a changé...

Peut-être la nomination du préfet Bonnet était-elle l'ultime tentative de l'établissement de l'État de droit sur cette terre en perpétuelle révolte ?

La difficulté de l'entreprise est sans nul doute à l'origine du « dérapage ». Je ne connais pas le préfet Bonnet mais ses déclarations et ses attitudes telles que les médias nous les ont présentées m'ont convaincu de la pugnacité de ce haut fonctionnaire et de l'orgueil qu'il mettait à vouloir réussir ce que personne n'avait réussi avant lui. Je comprends que, face aux manigances, confronté aux compromissions de nombre de ses interlocuteurs, rendu impuissant par le succès électoral des opposants à son action alors que, paradoxalement celle-ci répondait aux attentes d'une large partie des insulaires, se sentant soutenu par ceux qui l'avaient investi d'un pouvoir qu'il voulait sans partage, cet homme ait décidé de recourir aux mêmes méthodes que celles qu'il combattait. Je regrette qu'il se refuse à assumer la responsabilité d'un engagement, certes critiquable, que la situation rendait concevable. Si, dès l'échec de l'action des gendarmes sur la paillote de Francis Féraud, il avait proclamé haut et fort qu'il avait choisi de recourir à cette extrémité pour que force reste à la loi, l'opinion publique l'aurait compris et cette affaire aurait pris une tout autre tournure. Il se serait de plus évité l'épreuve de la détention, motivé par le seul souci de recherche de la vérité puisqu'elle aurait été donnée sans délai. Il l'aurait ainsi évitée à ses collaborateurs...

Henri Mazères explique dans son propos comment les liens qu'il a noués avec le représentant de l'État auprès duquel il était placé se sont instaurés puis affirmés. Les contacts quotidiens qui se sont établis entre les deux hommes ont donné naissance à une identité d'analyse des problèmes auxquels ils étaient confrontés et, partant, à une communion de pensée sur les actions à conduire. Auréolé de la confiance du gouvernement qui l'avait nommé à son poste, le préfet Bonnet ne pouvait paraître au colonel Mazères que comme l'instrument d'un pouvoir politique auquel il ne pouvait que se soumettre car il visait à établir en Corse une situation qui respecte le droit républicain dans une ambiance de paix civile retrouvée.

Qui peut oser prétendre que, dans le même contexte, il aurait pris le contre-pied de la volonté exprimée de faire respecter le droit coûte que coûte ! Gardons-nous des appréciations péremptoires ou prématurées !

C'est désormais à la justice de se prononcer. Saura-t-elle faire éclater la vraie vérité de cette triste histoire ?

On ne peut, hélas, en être certain. Saura-t-elle sanctionner justement, sans complaisance et sans rigorisme, les différents acteurs de ce dramatique épisode de l'histoire insulaire ? Espérons-le.

Pour ma part, je crois à la sincérité du témoignage du colonel Henri Mazères qui demeure mon ami et à qui je conserve la confiance que je lui ai toujours accordée.

Général de corps d'armée (CR) Jean-François SARDET
Commandant de la légion de gendarmerie de la Corse
de septembre 1985 à janvier 1988
Major général de gendarmerie nationale
de mars 1992 à janvier 1994.

AVANT-PROPOS

Au moment où ce livre sera édité, j'aurai probablement quitté la gendarmerie. Je viens d'avoir cinquante ans. À ce stade de leur vie, beaucoup d'hommes commencent, après une carrière bien remplie, à entrevoir les prémices d'un repos mérité. Pour ma part, les années de travail passées au sein d'une arme que j'ai servie avec passion ne seront en aucun cas suffisantes pour me permettre d'aspirer à ce genre de projet.

Je me trouverai dans la peau d'un ancien officier de Saint-Cyr dont la carrière a été brutalement stoppée et qui devra, contre vents et marées, continuer à rester debout et à avancer. Colonel Henri Mazères, promotion capitaine Danjou, pour ceux qui me connaissent et qui me resteront fidèles. Écrou numéro 270764, maison d'arrêt de la Santé, cellule 211 pour ceux qui ne retiendront de moi que l'image d'un gendarme impliqué dans une affaire lamentable.

Obligé de commencer une nouvelle vie et un nouveau métier, me voilà aujourd'hui dans la peau d'un homme seul, profondément ébranlé et en même temps décidé à combattre jusqu'au bout pour retrouver son honneur bafoué. Décidé surtout à ce que la vérité, la vraie, apparaisse enfin aux yeux du grand public.

J'ai longtemps hésité avant de me décider à écrire ces lignes. L'obligation de réserve, l'élémentaire nécessité de discrétion auxquelles je m'étais jusqu'alors tenu depuis mon entrée en gendarmerie, constituaient les principes fondamentaux d'un devoir de militaire. Jusqu'au jour où ce qu'il est aujourd'hui convenu d'appeler « l'affaire des paillotes » n'a plus été qu'un long et lourd réquisitoire contre moi. Une affaire qui a suscité un déchaînement de passion et de haine.

Tout et le contraire de tout a été dit sur ce dossier aux odeurs de soufre. Les médias en ont fait leurs choux gras sur la base d'informations souvent inexactes. Les différents services de police concurrents de la gendarmerie y ont trouvé une opportunité inespérée pour pouvoir régler leurs comptes. Bien pire encore, les principaux acteurs de cette aventure nauséabonde qui a pris les dimensions d'une affaire d'État ont décidé de jouer chacun cavalier seul pour s'en sortir. Dans un élan de sauve-qui-peut général, ils ont tenté de minimiser leur rôle, de se défausser, voire d'échapper à la justice en rejetant leur part de responsabilité sur les autres. Patron de la légion de gendarmerie en Corse, en prise directe avec les hommes du commando missionnés pour incendier le restaurant de Francis Féraud, je devenais la cible idéale pour porter seul un chapeau trop grand pour moi. Tous m'ont tourné le dos et m'ont trahi sans vergogne. Je pense bien sûr au préfet Bonnet qui, dans une défense quasi grotesque nie aujourd'hui l'évidence. Je pense aussi aux membres du GPS directement impliqués dans ce qu'il faut bien appeler un coup tordu. Je pense enfin à certains officiers qui, voyant l'opportunité d'une vengeance, se sont conduits de façon indigne. Impuissant, je ne pouvais alors qu'assister à la curée. De chasseur, j'étais devenu le gibier dont on allait sonner l'hallali.

Quelques mois après ma libération, je rencontrais l'Amiral Pierre Lacoste, ancien patron de la DGSE à une époque de turbulences extrêmes pour les services secrets français. Je lui faisais part de mon désir d'écrire un livre et lui demandais conseil à lui qui s'était trouvé placé en première ligne au moment du scandale du *Rainbow Warrior*. Comme moi, à un niveau nettement supérieur bien sûr, il avait pu voir comment les hommes, dans les périodes où il convient de faire preuve de loyauté et de solidarité, peuvent retourner à leur avantage une situation de crise, au détriment de leur patrie, au détriment des hommes qui ont servi sans faillir, et au service de leurs intérêts les plus vils.

Pierre Lacoste me déconseillait alors ce projet et me disait de laisser aux autres le soin de se justifier. Au fil du temps, les cicatrices, même les plus profondes, finiraient par s'effacer. Je lui suis reconnaissant de ses conseils empreints de bienveillance. J'ai tenté de m'y tenir. Jusqu'au moment où meurtri par trop de mensonges indécents, le besoin impératif de rectifier coûte que coûte le tir s'est imposé à moi. Je prends, j'assume plus que jamais mes responsabilités. Toutes mes responsabilités. Mais pas celles des autres. Voici la vérité sans fard.

I

NUIT BLANCHE

Il est 23 heures ce lundi 26 avril 1999. Le véhicule qui me conduit à la maison d'arrêt de Borgo près de Bastia traverse des villages déserts, avale des cols et des collines. À la caserne Battesti d'Ajaccio, siège de la légion de gendarmerie où se trouve mon domicile, j'ai pu récupérer, juste avant de monter en voiture, quelques effets personnels. Une trousse de toilette, un survêtement, un jean, une chemise, un transistor. Je n'ai pas eu le temps de me changer. Je porte toujours le costume bleu marine orné du liséré de la Légion d'honneur, la chemise blanche et la cravate bordeaux dans lesquels je me suis présenté quelques heures plus tôt au parquet d'Ajaccio. Le juge Cambérou m'a alors signifié, avec gravité et une émotion particulièrement visible, sa décision de me placer en détention provisoire. Avant de prendre la direction de Bastia, j'ai eu le temps de confier ma chienne *Nell* et mon arme personnelle, un 357 magnum, au lieutenant-colonel Michel Tétaz, chef du bureau des ressources humaines de la légion de gendarmerie. Durant toute cette difficile période, il fera partie des officiers qui me resteront fidèles. Depuis mon affectation en Corse je vis seul, en célibataire, avec pour toute compagnie, mon fox-terrier à poil dur que je retrouve le soir à la maison après mes longues journées de travail. Dès ma prise de commandement à la Légion, j'ai reçu deux lettres anonymes de menaces de mort. J'ai préféré savoir ma famille en sécurité sur le continent. Danièle, ma femme, est restée à Paris avec mes deux filles. Elle loue un appartement à Boulogne-Billancourt dans un immeuble discret où le nom de l'ancienne locataire continue de figurer à l'entrée du bâtiment. Une mesure de discrétion élémentaire quand on est l'épouse du responsable de la gendarmerie en Corse.

Pour moi, le passage en prison ne sera pas long. Quatre jours au plus jusqu'au débat contradictoire chez le juge. Une formalité, rien d'autre. Juste le temps que le scénario soigneusement mis au point par mes subordonnés et moi-même soit définitivement adopté par ma hiérarchie et par la justice comme la thèse véritable. Nous reprendrons ensuite comme si de rien n'était notre lutte contre la corruption et le terrorisme qui gangrènent l'île depuis des années. Il n'y a aucune raison que notre mensonge sur ce qu'il sera bientôt convenu d'appeler « l'affaire des paillotes » ne tienne pas. Avec mes officiers nous avons élaboré une version crédible. Les moindres détails ont été passés en revue afin que nous ne puissions être pris en flagrant délit de contradiction. Non, vraiment, notre scénario est inattaquable. Notre mensonge collectif tiendra : une équipe du GPS était discrètement présente en observation de nuit aux alentours de la paillote « Chez Francis » quand, brusquement, le baraquement de planches s'est embrasé. Dans la précipitation et craignant d'être tombés dans une embuscade, les gendarmes se sont enfuis en perdant un poste radio, un poignard et une cagoule... Le capitaine a été légèrement brûlé.... Je suis confiant, je n'ai pas peur. Je n'imagine à aucun moment la proportion que va prendre l'action que nous avons menée quelques jours plus tôt.

Sur le chemin de Borgo, au hasard de cette route de nuit, des images défilent dans ma tête. Je pense à ces derniers mois passés en Corse, à tout le travail effectué en collaboration directe avec le préfet Bonnet. Voici le col de Vizzavona. Sur le bord de la chaussée, des plaques de neige encore fraîches me rappellent que j'avais prévu de faire l'ascension du Monte Cinto avec le commandant du peloton de gendarmerie de haute montagne. Une course dangereuse qui avait encore récemment fait des victimes.

Le 8 mars, une dizaine de montagnards chevronnés, originaires de Savoie, étaient venus sur l'île pour effectuer une randonnée dans cette région prisée des amoureux de la montagne. Surpris par un brusque changement de météo, ils n'avaient pas eu le temps de s'abriter. Deux d'entre eux étaient morts de froid à dix mètres du refuge qu'ils n'avaient pas pu repérer, aveuglés par la tempête de neige et le brouillard.

Voici Corte. Carrefour routier menant à la plaine orientale vers Aléria et Ghisonaccia, ce village où, deux semaines plus tôt, des militants nationalistes se sont rassemblés pour manifester et scander des slogans hostiles devant la caserne de gendarmerie. C'était le 14 mars. Soir du deuxième tour des élections territoriales. Chauffés à blanc, galvanisés par les résultats de leurs listes nationalistes, les manifestants avaient tiré en l'air pour narguer les gendarmes. Le capitaine

Roux, commandant de la compagnie, s'était rendu à leur rencontre pour tenter de les calmer, pour parlementer. Il avait été sauvagement frappé par Canutti, l'un des plus enragés du groupe. Les caméras extérieures avaient filmé la scène. Une enquête avait été diligentée. Canutti avait été condamné et placé en détention à la prison de Borgo. Alors que dans moins d'une heure je me retrouverai enfermé entre quatre murs, je me dis que d'ici quelques mois ou quelques semaines, ce nationaliste se retrouvera en liberté. J'ai l'impression que la justice s'acharne beaucoup plus sur moi que sur les auteurs d'infractions graves. Quelle dérision.

Qui sait, peut-être que ce soir, demain, je croiserai dans les couloirs de la maison d'arrêt celui-là même qui, un mois plus tôt, a agressé l'un de mes officiers. Il me regardera d'un air hautain, fanfaronnera, l'air de dire, vous voyez ici, en Corse, l'État ne fera jamais la loi. Parce que l'État, c'est nous qui le tenons prisonnier.

Encore quelques kilomètres et bientôt une porte d'acier se refermera derrière moi. Dehors, froid et silence. Sur la banquette arrière, à mes côtés, le lieutenant-colonel Burstert, commandant le groupement de Corse-du-Sud. Il parle peu. C'est lui qui s'est chargé de me conduire jusqu'à mon lieu de détention. Je le sens terriblement gêné. Dans une atmosphère à couper au couteau, nous échangeons parfois quelques paroles banales. Le cœur n'y est pas.

Un bâtiment lourd, massif, bâti de plain-pied au milieu de terrains vagues sur la plaine orientale vers la fin des années soixante-dix. La prison de Borgo est prévue pour accueillir quelques centaines de détenus, pour la plupart issus du banditisme de petite ou grande envergure et du terrorisme corse. Le long des murs qui découpent leur silhouette dans un ciel sans lune, des projecteurs crachent une lumière blafarde. Il est une heure du matin. Je ne peux m'empêcher d'éprouver une sensation de malaise. Mon corps est glacé. Une dernière poignée de main à Burstert. Je lui remets avant de le quitter mon portefeuille contenant ma carte professionnelle et un peu d'argent. Des surveillants viennent me prendre en charge. Aucune trace de chaleur ou de défiance. Juste une curiosité un peu malsaine dans leurs yeux.

Me voilà maintenant dans la peau d'un taulard presque comme les autres. Après les formalités d'admission, un surveillant me remet un maigre paquetage. Des couverts, un slip et un T-shirt réglementaires, un sachet de rasoirs jetables, un tube de crème à raser, des draps, une couverture que j'utiliserai comme baluchon pour transporter les quelques effets que l'on vient de me remettre. Alors même que je perçois ces affaires, le directeur de la prison vient à ma rencontre et m'accompagne jusqu'à ma cellule. Je suis rassuré par le comportement chaleureux de cet homme, vêtu strictement d'un complet sombre. Pourtant, à sa voix, à ses gestes hésitants, je comprends que ma présence dans sa prison l'embarrasse au plus haut point. Compte tenu de la situation, il a peur que je fasse une « bêtise ». Et puis ici, dans cet univers carcéral, je ne suis pas un « client » comme les autres.

Je ne vais d'ailleurs pas tarder à m'apercevoir que le téléphone interne a déjà fonctionné. Tous les détenus sont au courant que le colonel commandant la légion de gendarmerie vient d'être incarcéré.

Alors que nous arpentons des couloirs froids en direction de ma cellule, l'ensemble de la division se met soudain à bruisser d'une rumeur de plus en plus forte. Les prisonniers cognent à leur porte. Des voix s'élèvent, scandent des menaces dans un vacarme bientôt assourdissant. « Mazères on va te tuer. Salopard. On va te couper les couilles. » Gêné, le directeur baisse les yeux alors que les surveillants qui nous escortent tentent en vain de faire revenir le calme.

Ma cellule doit faire huit mètres carrés environ. Le lit a été descellé du sol et placé au milieu de la pièce, juste en face de l'œilleton de la porte. Les gardiens doivent pouvoir surveiller mes faits et gestes à tout moment, de jour comme de nuit. Aucun doute maintenant. On a bel et bien peur que je me suicide. Les consignes sont d'ailleurs formelles : interdiction absolue de déplacer mon lit.

J'ai tout juste le temps de poser mon baluchon sur le matelas. On me conduit à l'infirmerie où un médecin m'accueille. Il a des paroles bienveillantes et m'explique que ça va être dur pour moi, qu'il va falloir que je tienne le coup. Nous parlons un bon quart d'heure. Je comprends qu'il tente de me sonder pour savoir si je me trouve dans un état compatible avec mon incarcération. Il prend ma tension, me propose des calmants. Je refuse. Il insiste pour que j'emporte quelques comprimés de Lexomil. Je les glisse dans ma poche. Je les ai toujours aujourd'hui, dans leur petite boîte de plastique vert, abandonnés au fond d'un tiroir de mon bureau.

De retour dans ma cellule, je trouve posé sur ma table un plateau à compartiments débordant de purée recouverte d'un boudin noir. Je n'ai jamais été très difficile pour la nourriture. J'ai besoin de reprendre des forces, je n'ai mangé depuis le matin qu'un maigre sandwich, lors de ma garde à vue à Ajaccio. J'avale mon repas sans rechigner. Il faut tenir coûte que coûte. Ne pas craquer. Et pourtant j'en ai marre. Marre de ce vacarme qui n'arrête pas, des taulards qui continuent plus que jamais de scander mon nom, marre du bruit incessant des clefs dans les serrures, marre de cette cellule crasseuse qui pue. Cette cellule où je me sens de moins en moins en sécurité. Je me dis que si la vie carcérale c'est cela en permanence, alors j'aurai bien du mal à faire toujours face. Vers quatre heures du matin le calme revient enfin. Sûrement épuisés par leurs hurlements, les détenus ont dû finir par s'endormir.

Allongé sur mon lit en T-shirt et pantalon de survêtement, je pense à ma famille, à ma mère et au choc qu'elle doit endurer, à l'inquiétude de ma femme, de mes deux filles. Que va-t-on penser de nous ? Impossible de fermer l'œil. Je ne cesse de gamberger. Pourtant je garde bon espoir.

La nuit va être courte. Je parviens à m'assoupir une heure ou deux. Il est sept heures du matin quand un gardien vient m'ouvrir. Je lui demande l'autorisation d'aller prendre une douche. Il m'accompagne jusqu'à la salle d'eau à vingt mètres de la cellule. Je suis surveillé en permanence. Je ne croise jamais personne dans les couloirs. Vers neuf heures, le directeur de la prison vient me rendre visite. Je le sens moins tendu que la veille. Il m'apprend que pour ma sécurité je vais probablement être transféré dans de brefs délais vers la maison d'arrêt de la Santé. Le voilà soulagé. Je suis décidément une trop grande source de problèmes pour lui.

Plus tard dans la matinée, j'aurai droit à quelques instants de promenade. À travers un dédale de couloirs déserts, un surveillant me conduit jusqu'à une cour rectangulaire et grillagée où il me laisse seul. Pour essayer de me détendre, je longe les murs en petite foulée – dix tours dans un sens, dix tours dans l'autre. Je ne peux m'empêcher de penser à ce film avec Brad Davis, *Midnight Express*, où des fous incarcérés dans un asile arpentent chaque jour comme des moutons leur cour de promenade, toujours dans le même sens. Jusqu'au moment où l'un d'eux décide un jour de marcher dans le sens inverse. Sa façon à lui de dire non, de décider par lui-même, de refuser de devenir de plus en plus fou...

Au bout d'un moment, lorsque j'aurai terminé mes mouvements de gymnastique, je me surprendrai à penser un instant que l'on va peut-être m'oublier là. Je n'ai aucune notion du temps passé dans cet endroit. Peut-être trente minutes, peut-être deux heures. En fait, j'apprendrai plus tard, lorsque le gardien viendra me chercher pour me raccompagner à ma cellule, que les promenades durent très exactement quarante-cinq minutes et que, dans le milieu carcéral, il est tout à fait impossible d'oublier un prisonnier quelque part.

J'apprends bientôt que mon départ pour Paris est confirmé et que je quitterai la prison de Borgo dans l'après-midi. Je ne suis pas mécontent de cette nouvelle. D'autant plus que les injures en provenance des autres cellules ont repris de plus belle. Malgré les hurlements, je parviendrai quand même à me concentrer pour relire quelques pages du *Petit Prince* que j'ai eu le temps de glisser dans mon sac avant de quitter mon pavillon.

Il est seize heures lorsque je tourne enfin le dos à la maison d'arrêt. Une escorte de gendarmes m'accompagne en voiture à l'aéroport de Bastia-Poretta, où un Mystère 20 de l'armée de l'air doit nous emmener, le lieutenant Tavernier, l'adjudant-chef Moulié et moi-même, à la prison de la Santé. Nous montons chacun dans un véhicule différent afin que nous ne communiquions à aucun moment. Incarcérés eux aussi à la prison de Borgo, je ne les ai bien sûr jamais croisés durant ma courte détention insulaire. Il est normal que le juge Cambérou qui instruit le dossier ait souhaité isoler tous les protagonistes, afin que je ne puisse pas jouer de ma position hiérarchique pour influencer les uns et les autres.

Après environ une heure et demie d'attente dans les locaux de la gendarmerie des transports aériens, nous embarquons enfin à bord de l'appareil en direction de la base militaire de Villacoublay. Au moment de monter dans l'avion, j'ai le temps d'échanger des regards de connivence avec mon officier et mon sous-officier. Nous ne sommes pas inquiets et nous devons nous en tenir à nos déclarations devant le juge.

Pour clarifier les choses, je tiens à revenir rapidement sur la situation dans laquelle nous nous trouvons à ce moment précis. Afin de brouiller les pistes j'ai déclaré au magistrat et à ma hiérarchie que seuls Norbert Ambrosse, Denis Tavernier et Éric Moulié se trouvaient sur la plage où la paillote « Chez Francis » a pris feu dans la nuit du 19 au 20 avril. Leur mission consistait à effectuer une opération de reconnaissance des lieux et de surveillance autour de cet établissement construit illégalement, qui devait d'ailleurs être détruit quelques semaines plus tard par le Génie. Vers trois heures du matin la paillote s'est violemment embrasée et le capitaine Norbert Ambrosse, à proximité immédiate du bâtiment, a été brûlé aux mains par les projections de flammes. Certes, cette explication reste un peu tirée par les cheveux, mais elle peut tenir tant que l'on ne démontrera pas le contraire.

En fait, deux autres gendarmes du GPS étaient présents sur les lieux. Les lieutenants Lionel Dumont et Franck Pesse. Compte tenu du scénario que nous avons servi aux autorités, nous n'avons pas eu besoin de les impliquer dans l'affaire.

Au lendemain des faits, j'ai laissé partir Norbert Ambrosse, à sa demande, en permission à Toulouse rejoindre sa famille et faire soigner ses blessures. Le lieutenant Dumont, qui n'est pas inquiété puisque hors du coup pour le moment, en profite pour jouer les intermédiaires. Il se rend à plusieurs reprises chez moi pour étudier en détail la cohérence du scénario que nous mettons au point. Il téléphone ensuite à Ambrosse depuis des cabines publiques pour ne pas être écouté et lui faire part de notre montage afin qu'il fournisse bien la même version que la nôtre lorsqu'il sera interrogé. Quant au lieutenant Pesse, il continue à instruire l'un des groupes du GPS dont il est chargé comme si de rien n'était. Tout devrait donc aller pour le mieux.

Il est vingt heures lorsque nous atterrissons à l'aérodrome de Villacoublay. Le colonel Pitzini, commandant la légion de gendarmerie d'Île-de-France m'accueille chaleureusement sur le tarmac. Il est inquiet pour moi car quelques heures plus tôt un flash AFP a annoncé que j'avais été victime d'un malaise cardiaque au cours de mon bref séjour à Borgo. Je le rassure. Tout cela n'est que pure élucubration journalistique. Dans sa Laguna, le colonel Pitzini, qui durant toute ma période d'incarcération aura une attitude parfaitement remarquable à mon égard, comme vis-à-vis de ma femme, me demandera d'assumer, certes, toutes mes responsabilités dans cette affaire, mais rien que les miennes. Comme s'il subodorait que le préfet était dans le coup. Je ne pense toujours pas en cet instant précis que l'on va déboucher sur la vérité. Le préfet sait, en effet, qu'il peut compter sur ma loyauté, sur mon respect de la parole donnée. Je ne trahirai pas, je maintiendrai coûte que coûte la version arrêtée avec mes personnels du GPS, version que j'ai présentée à Bernard Bonnet juste avant mon placement en garde à vue et qu'il a validée. J'ai toujours en mémoire son visage à l'expression soulagée quand je quitte son bureau à cet instant. Je ne peux cependant pas exclure que si l'on découvre le pot aux roses, les conséquences risquent d'être catastrophiques. Cap sur la Santé.

II

ÉCROU 270764

Trois parloirs par semaine. Telle est la fréquence des visites auxquelles nous avons droit à la maison d'arrêt de la Santé. Voilà maintenant un mois déjà que je suis incarcéré dans cette impressionnante prison, bâtie au cœur de Paris, entre le boulevard Arago et la rue Jean-Dolent. Mazères : écrou numéro 270764, cellule 211.

Danièle vient me voir chaque mercredi matin à huit heures et chaque samedi après-midi. J'ai droit à une autre visite le jeudi ou le vendredi. Ce sont la plupart du temps des amis fidèles qui se relaient pour me réconforter : Dominique, un médecin rencontré vingt-cinq ans plus tôt alors que j'étais lieutenant en déplacement avec mon escadron en Guyane française, Marcel, un officier de gendarmerie à la retraite, ami de la famille de longue date et Claude, un copain à la tête aujourd'hui d'une importante entreprise de télécommunications. D'autres amis courageux essaieront de venir me voir mais ils en seront dissuadés par la procédure d'autorisation longue et fastidieuse et par les délais de réponse prohibitifs.

Ces parloirs sont terriblement humiliants aussi bien pour les visiteurs que pour les détenus : attente interminable, locaux sordides, suspicion, formalités administratives, fouille et rencontre frustrante de quarante-cinq minutes – pas une de plus – dans un local de deux mètres carrés sous le regard quasi permanent des surveillants. Et puis de nouveau cette fouille, à l'issue de la visite, où certains gardiens violent, parfois avec un plaisir malsain teinté d'ironie, votre intimité. Alors que vous êtes tout nu devant eux, ils vérifient sans scrupule que vous ne ramenez pas pour vous ou pour un autre détenu, de la drogue, un document, un objet défendu... Certes, tous les surveillants ne sont pas aussi méticuleux, mais dans le fond, que peut-on leur reprocher ? Ils font un travail ingrat et ne peuvent pas prendre de risques. Pour eux, un colonel est un détenu comme un autre. Il doit se soumettre.

À trois reprises, Danièle est venue accompagnée de ma fille cadette Marilys, âgée de dix-huit ans. Quand nous nous sommes retrouvés pour la première fois tous les trois dans cet espace minuscule, nous avons dû faire un sérieux effort pour ne pas pleurer. Sans nous le dire, d'un commun accord, nous ne voulions pas ajouter au caractère dramatique d'une scène déjà suffisamment pénible comme ça. J'ai tenté de sauver les apparences. Je leur ai dit que tout allait bien, que mon moral était excellent. Elles en ont fait autant. C'était dur. Nous avons parlé de choses et d'autres, les études, le travail, les amis. Nous n'avons pas vu passer les trois quarts d'heure. Plus tard, Danièle m'avouera qu'avant chaque visite elle prenait un demi-comprimé de Xanax pour tenir le coup. Marilys faisait de même.

À l'époque, Stéphanie, ma fille aînée, s'était installée pour quelque temps en Grande-Bretagne. Elle était partie là-bas dans une pension pour étudiants afin de perfectionner son anglais. Elle m'enverra deux cartes. Sur la dernière, envoyée pour mon cinquantième anniversaire, le 9 mai, et reçue plusieurs semaines après, un mot simple « Tu me manques ».

Dès le lendemain de mon arrivée ici, mon avocat, le bâtonnier Mario Stasi est venu me voir pour que nous mettions en place notre stratégie. Je lui ai bien sûr dit toute la vérité, après lui avoir présenté la version officielle servie au magistrat. Il estime que mon mensonge peut tenir et nous décidons de partir sur cette base pour affiner ma défense. Nous commençons à préparer le débat contradictoire qui doit se dérouler prochainement à Ajaccio face au juge Cambérou, débat à l'issue duquel j'ai des chances de retrouver la liberté.

Malheureusement, quatre jours après mon incarcération, le lieutenant-colonel Cavallier, sur lequel je reviendrai plus tard, décide par vengeance de trahir tout le monde et dévoile l'affaire. Il met en cause le préfet qu'il a enregistré à ses dépens lors d'un rendez-vous, au moyen d'un magnétophone dissimulé dans sa poche.

Je ne suis plus désormais pour la presse qu'un officier supérieur de gendarmerie à l'origine d'une lamentable opération barbouzarde. Je rencontrerai dès lors mon avocat environ une fois par semaine afin d'étudier la nouvelle manière de me battre. Un combat bec et ongles où il sera désormais inutile de cacher une once de vérité. Je n'ai de toute façon plus rien à perdre d'autant que beaucoup vont me trahir.

Mes journées à la Santé sont cadencées par un même rythme, toujours monotone. Je me lève et fais mon lit à 6 h 30. En fait, je n'ai pratiquement pas dormi de la nuit. Couché aux alentours de vingt-trois heures, je me réveille systématiquement vers minuit et demie en pensant que c'est déjà le matin. Ensuite, je ne parviens plus à me rendormir. Cela va durer pendant deux mois. Curieusement pourtant, le manque de sommeil ne se fera pas sentir durant la journée. Je réfléchis beaucoup. Je ne cesse de penser à mon père, adjudant-chef de gendarmerie, apprécié de tous pour sa droiture, qui a passé sa vie entière à servir son arme sans jamais défaillir. Décédé en 1988, cet enfant de la campagne était rentré dans l'arme presque par hasard, pour la sécurité de l'emploi, le salaire garanti, la retraite. Pourtant il avait été conquis par la passion de ce métier, s'était vite pris au jeu et avait gravi les échelons de sous-officier. Jeune gradé en Afrique Occidentale Française, il était retourné en métropole pour les études de ses enfants. Mes parents avaient tout fait pour que je réussisse. Il avait été comblé lors de mon entrée à Saint-Cyr. Plus encore, lorsque je lui avais annoncé que j'avais choisi la gendarmerie. À chacune de mes promotions, il avait pris l'habitude de m'offrir le képi aux couleurs de mon nouveau grade. Que doit-il penser de moi, là-haut, en me regardant ?

Je vis sur les nerfs et, paradoxalement, je me sens calme. Tout au long de mes nuits des idées m'assaillent. Cette affaire de paillote m'obsède. Je puise alors au tréfonds de ma mémoire pour faire ressortir des éléments nécessaires à ma défense. Je les inscris dans le noir pour ne pas les oublier et les développer ensuite au propre dans la journée. Ces longues semaines passées à dormir à peine deux heures par nuit grignotent petit à petit mes cellules nerveuses. J'attendrai cependant de sortir de prison pour consulter le médecin de la famille et lui demander de m'aider à retrouver le sommeil.

Sept heures. Le surveillant de jour vérifie toutes les cellules en les ouvrant les unes après les autres et récupère le courrier que les prisonniers placent dans une petite boîte réservée à cet effet fixée à l'intérieur de leur porte. La plupart du temps le gardien m'autorise alors à aller prendre ma douche. Je fais quinze mètres dans le couloir, passe devant la cellule du préfet Bonnet, me lave en l'espace de quelques minutes et retourne dans mon cagibi. Cagibi, c'est bien le mot. Ma cellule fait sept mètres carrés. Une porte blindée, une fenêtre-soupirail barreaudée et grillagée à travers laquelle je donnerai à manger aux pigeons qui me rendront visite en m'apportant un souffle de liberté, une cuvette WC, un petit lavabo avec un robinet d'eau froide, une armoire, une table, une chaise, un lit métallique avec un matelas en mauvaise mousse. Le téléviseur mural est mon seul lien avec l'extérieur.

Pour retrouver une certaine chaleur, je collerai aux murs trois tableaux peints par Marilys, des photos de ma famille, de ma chienne et des cartes postales que je recevrai au cours de ma détention et qui me permettront de faire un tour de France par la pensée : Toulouse, Roscoff, Colmar, Vieux-Boucau, Grasse....

Dès mon arrivée je me suis empressé de nettoyer de fond en comble cette pièce à l'aide de poudre à récurer et d'eau de Javel. Durant ces deux mois en prison, je ferai d'ailleurs fréquemment le ménage au même titre que j'entretiendrai moi-même mon linge sans avoir à le confier à ma femme lors de ses visites. Une seule fois, Danièle, repartira avec un sac de vêtements inutiles sur lequel seront inscrits en gros mon nom et mon numéro matricule. Arrivée avec ce fardeau à son bureau, elle n'aura de cesse de le cacher aux yeux de ses collègues pour éviter toute explication gênante. De même, de retour à la maison, elle tentera de se faire toute petite dans le métro pour éviter les regards intrigués.

7 h 20. C'est l'heure de la distribution du petit déjeuner : un café lavasse avec une ration de confiture et une portion de beurre à étaler sur du pain. Puis la journée commence. Les moments de « liberté » où je quitte ma cellule se décomposent le matin comme l'après-midi en une promenade de quarante-cinq minutes et un passage de même durée en salle de musculation ou en salle d'activité, pièce où il est possible de se retrouver avec certains autres détenus pour bavarder ou jouer aux cartes. J'ai oublié de préciser que j'ai été placé dans la troisième division, dite « division VIP ». Les prisonniers qui la composent sont, compte tenu de leur profession ou de leur personnalité, isolés des autres détenus « traditionnels » de la maison d'arrêt, notamment lors de la promenade.

Pour mes « loisirs », je vais privilégier la salle de musculation et plus particulièrement le vélo d'entraînement acheté, selon une légende non vérifiée, par Bernard Tapie lors de son séjour ici. Je m'efforcerai aussi d'aller systématiquement en promenade même par temps de pluie. Ce sont les seules occasions de prendre l'air et de bavarder avec les autres détenus – à l'exception des membres du GPS et du préfet Bonnet que je n'ai bien sûr pas le droit de rencontrer. En fait d'espace, nous ne disposons que des cours triangulaires de l'ancien quartier de haute sécurité (QHS). D'une superficie d'à peine trente mètres carrés, elles sont entièrement grillagées comme des cages à fauves. Les rats, nombreux, semblent parfaitement à l'aise dans cet espace clos. La véritable cour de promenade, vaste et dégagée vers le ciel, est réservée aux détenus « ordinaires ». Il ne nous est pas possible d'en bénéficier.

Très vite, le fait de ne devoir croiser à aucun moment le préfet ou mes collègues gendarmes va prendre des allures de casse-tête pour mes geôliers. Certains d'entre eux ne parviendront pas à résoudre cette équation, ce qui me vaudra de rester parfois en cellule pendant la période dite d'activité.

Voilà. En dehors de ces heures quotidiennes de détente surveillée, le reste de la journée se déroule dans ma cellule. Je regarde un peu la télévision, essentiellement les informations, quelques documentaires, je lis, j'écris. Outre les œuvres complètes de Saint-Exupéry, j'ai emporté avec moi le théâtre de Montherlant. Je lirai également d'autres œuvres romanesques contemporaines qui me seront apportées par mon épouse. C'est ainsi que j'apprécierai particulièrement le livre de Jung Chang, *Les Cygnes sauvages*, relatant la vie et les souvenirs d'une famille chinoise qui, de l'Empire Céleste à la place Tiananmen, à travers trois générations, va rester rebelle à toute emprise.

Quant à mes travaux d'écriture, ils consistent à répondre à l'abondant courrier que je reçois de tous ceux qui me manifestent leur soutien, que ce soient les membres de ma famille, les amis ou même les anonymes. Je n'ai reçu qu'une lettre d'injures d'une personne qui s'est identifiée (je n'ai pas vérifié cette identité) et qui résidait en Corse. Quant aux membres de la gendarmerie, cette grande famille, j'ai reçu beaucoup plus de témoignages de sympathie de la part de retraités, du sous-officier au général, que des personnels d'active, plus discrets. Il est vrai que dans leur cas, il faut avoir un certain courage pour exprimer sa solidarité.

La prison et le courrier. Tout un programme ! Parfois, le délai qui s'écoule entre le moment où je donne une lettre à un surveillant et celui où le destinataire la reçoit peut avoisiner un mois. Les plis doivent obligatoirement transiter par Ajaccio où le juge Cambérou exerce son contrôle. Certes, il m'a affirmé qu'il ne lisait pas mon courrier. Il n'empêche que mes missives doivent séjourner pas mal de temps à son greffe. Je lui en ai voulu quand, près d'un mois après ma libération, il m'a fait parvenir du courrier que j'avais écrit et qui était resté en souffrance à son secrétariat. Parmi les lettres figurait celle que j'avais envoyée à ma mère et dans laquelle je lui disais que tout allait bien, que je mangeais du lion à tous les repas et que je n'allais pas tarder à sortir pour l'embrasser. Elle aurait dû la recevoir, mais elle est décédée, sans pouvoir la lire, quelques jours après ma libération.

Nous sommes environ une dizaine à être enfermés dans la division VIP. Je vais rapidement tisser des liens avec la plupart de mes camarades d'infortune. Parmi eux se trouve le commandant Pierre-Henri Bunel, saint-cyrien comme moi. Mis en examen pour « intelligence avec une puissance étrangère », il aurait soi-disant communiqué au moment du conflit bosniaque des « secrets OTAN » à un espion serbe. Il vit sa détention comme une injustice majeure. L'instruction de son dossier avance lentement. Le juge Thiel qui en était chargé s'est dessaisi de l'affaire en prenant une ordonnance d'incompétence au profit du tribunal des armées. Bunel a été libéré après dix mois de détention. Alors que je m'étais remis à faire de l'anglais, il m'avait parfois aidé lors de nos rencontres, en me faisant bénéficier de sa vaste culture et de sa grande compétence de polyglotte. Nous avons aussi longuement parlé à plusieurs reprises de la complexité du conflit yougoslave ainsi que de la guerre du Golfe à laquelle il avait participé en tant qu'aide de camp du général Roquejoffre.

J'ai également été sensible à la compagnie d'autres prisonniers. L'avocat Bertrand Lavelot, mis en examen pour complicité dans l'affaire de dopage touchant le coureur cycliste Richard Virenque. Le juge Benoît Warnier, conseiller près la cour d'appel de Douai, mis en examen pour complicité de trafic d'influence, et l'avocat Umberto Vaccaro, mis en examen pour escroquerie dans des affaires bidons de placements mirobolants proposés à des clients trop crédules. De façon générale, nous n'évoquerons que très peu les dossiers qui nous concernent.

J'entretiendrai des relations amicales avec Manuel, l'auxiliaire d'étage, un détenu originaire du Cap-Vert, en fin de peine. Ce spécialiste en matière de piégeage de souris, qui prolifèrent dans les couloirs de la Santé, bénéficie d'un régime carcéral assoupli. C'est lui qui, accompagné d'un surveillant, nous distribue les repas en cellule et, passant devant ma porte lorsqu'il nettoie les parties communes, m'adresse au travers du judas quelques paroles réconfortantes. Manuel me rendra aussi de menus services : prêt d'une bassine pour laver mon linge, d'une pince à épiler et quelques « rab de dessert » de temps en temps. Autant dire, d'ailleurs, sur le registre culinaire, que la nourriture n'a rien d'extraordinaire à la Santé. Elle est cependant suffisamment copieuse et saine pour vivre... ou survivre. J'ai retrouvé le goût du « singe », cette viande de bœuf de Madagascar toujours présente dans les boîtes de ration des militaires, les andouillettes odorantes, la purée béton, les carottes cuites, les carottes crues, encore des carottes, c'est à croire qu'un marché avait été passé entre l'administration pénitentiaire et un fournisseur de carottes. Je n'ai été malade à aucun moment et n'ai jamais éprouvé le besoin de bénéficier d'extras au travers de produits « cantinés » payants. Je suis parti du principe que j'étais en prison et que je devais la subir telle qu'elle était. Un principe qui m'a valu de perdre en deux mois sept kilos que je n'ai pas tardé à reprendre après ma remise en liberté.

Environ trois semaines après mon arrivée à la Santé, un visiteur de prison se présentera devant ma cellule. J'ai du mal à accepter cette condescendance. Il y a dans les gestes de cet homme, dans ses paroles, une affectation trop empressée. Je l'éconduirai poliment en lui demandant d'attendre que je l'appelle plutôt que de prendre l'initiative de venir me voir. Je ne le solliciterai jamais. En revanche, je trouverai un réel réconfort auprès de l'aumônier de la division. Accompagné d'une religieuse, il célébrera chaque jeudi à dix heures un office dans la salle d'activité après avoir disposé sur une table une bougie, un crucifix et les quelques autres ustensiles nécessaires au rituel de la messe.

Je suis catholique, j'ai côtoyé beaucoup de prêtres jusqu'à mon adolescence. Certains étaient extraordinaires, d'autres ne m'ont pas marqué. Je me souviendrai toute ma vie de Jean van Baars, jeune curé d'origine hollandaise qui, pour toute première paroisse avait hérité de Seissan, un village du Gers, où mon père commandait la brigade de gendarmerie. Une terre rude, où les croyants se comptent presque sur les doigts de la main. Il jouait au foot avec les gosses du patelin, organisait des goûters dans son presbytère, c'était un peu notre grand frère. J'étais enfant de chœur à l'époque et je l'avais assisté à l'occasion de la célébration de sa première messe. Au moment de l'Eucharistie, personne ne s'était présenté pour communier. J'avais alors vu des larmes couler sur ses joues. Sûrement demandait-il au Seigneur à cet instant précis « mais mon Dieu, où m'avez-vous envoyé ? ».

Le prêtre de la Santé est un homme bon lui aussi. Durant ma période d'emprisonnement, je me confesserai une seule fois avant la messe. Durant ces quelques minutes d'extrême intimité avec cet homme d'Église, je ne parlerai à aucun moment des paillotes. D'abord parce que cinq jours après mon arrivée la vérité a éclaté, je n'ai donc plus rien à cacher. Ensuite parce qu'à aucun moment je ne me sentirai coupable dans cette affaire mais plutôt victime.

En prison, les jours sont longs et se ressemblent. J'ai envie de voir le préfet, de l'adjurer de se grandir en assumant ses responsabilités. Depuis mon incarcération, je ne suis relié à lui que par l'odeur des cigares qu'il fume parfois le soir dans sa cellule. J'aimerais aussi parler à mes hommes qui, comme Bernard Bonnet, sont là, tout près, dans la même division que moi. Un jour pourtant, grâce à la bienveillance d'un gardien, je croiserai le capitaine Ambrosse. Je ne l'avais pas vu depuis la veille du jour de l'action contre la paillote « Chez Francis ». Je prendrai de ses nouvelles, je lui serrerai la main. J'aurais pu lui dire « vous êtes indignes vous et les autres officiers du GPS de m'avoir chargé comme ça » car je sais bien depuis plusieurs jours déjà qu'ils m'ont trahi pour s'en sortir au mieux. Mais je ne dirai rien.

Je finirai aussi par croiser, un bref instant, Bernard Bonnet. Il porte un survêtement, son visage est pâle, nous nous regardons, il fait semblant de rien. Pas un signe, pas de gêne visible. À ce moment précis, je ne comprends pas comment un homme d'une si grande intelligence peut persister à contester l'évidence. Je sens alors qu'il a encore confiance en sa stratégie consistant à tout nier en bloc. Si jamais – et c'est sûrement une erreur de ma part – j'avais sentis un seul instant au cours de nos dix mois de relations étroites en Corse qu'il était capable de trahison, jamais tout cela ne serait arrivé. Comment a-t-il pu m'écraser de la sorte, moi qui ai été pour lui un collaborateur sans faille ? Pire encore, comment a-t-il pu enfoncer à ce point Gérard Pardini, son plus fervent soutien, confident de tous les instants, directeur de cabinet et presque « beau-frère », puisqu'il partage sa vie avec Béatrice, la sœur du préfet ?

Au deuxième mois de ma détention, à l'occasion d'une rencontre de couloir furtive, le préfet tentera d'ailleurs de me faire passer un message : charger Pardini au maximum en affirmant que lui seul est à l'origine de la décision visant à détruire la paillote de Francis Féraud. Une machination de bas étage qui devrait nous permettre de sortir blanchis de cette affaire.

29 juin. Encadré de deux gendarmes, je quitte la prison de la Santé afin de me rendre au Palais de Justice où doit avoir lieu la confrontation organisée par le juge Cambérou entre Gérard Pardini, Bernard

Bonnet et moi-même. Le trajet jusqu'à l'île de la Cité est un vrai gymkhana pour le conducteur qui doit, sans cesse, éviter la meute des photographes à moto qui colle à notre voiture. Le boulevard du Palais, enfin. Notre véhicule passe une grille, s'engouffre dans un garage en sous-sol laissant, sur les bords de Seine, des reporters frustrés de leur maigre butin. Il est 14 h 30 lorsque le greffier m'invite à entrer dans le bureau du magistrat. Gérard Pardini est déjà là, accompagné de son avocat, Maître Léandri. Je lui serre la main, il a l'air en forme. J'en suis même étonné. Quelques jours plus tôt, grâce à la bienveillance d'un surveillant, le préfet Bonnet, narquois, a eu le temps de me glisser entre deux couloirs qu'il avait appris que Gérard Pardini était soumis à un régime très dur. J'ai cru comprendre alors que le préfet voulait profiter de l'état de faiblesse psychologique dans lequel il croyait son ancien directeur de cabinet pour l'enfoncer au cours de la confrontation....

Deux minutes à peine après mon arrivée, Bernard Bonnet fait son entrée aux côtés de Maître Kiejman, son défenseur. Sourire charmeur et carnassier à la fois, raide et droit dans un costume sombre, l'homme est fidèle à lui-même, sûr de lui et dominateur. L'entretien va durer trois heures. Trois heures d'un dialogue de sourds dont les principaux acteurs sont Patrice Cambérou et Bernard Bonnet. À plusieurs reprises le magistrat lui demande si oui ou non il a donné l'ordre d'incendier la paillote de Francis Féraud. Systématiquement, le préfet botte en touche, tergiverse jusqu'au moment où il finit par afficher sa vraie personnalité en affirmant, de but en blanc, que Pardini et moi-même mentons. Écœuré par une telle mauvaise foi je ne peux m'empêcher de lui dire que je le trouve pitoyable, que jamais je n'aurai pensé qu'il était incapable à ce point d'assumer ses responsabilités. Touché dans sa dignité, au mépris de l'arbitrage, du magistrat instructeur, Bernard Bonnet se lance alors dans un des longs monologues dont il a le secret. Il parle du syndrome de Becket, cite Shakespeare, évoque un songe d'Henry II, roi d'Angleterre, qui rêva tout haut : « Qui nous débarrassera de cet archevêque de Canterbury ? » Et le prélat fut assassiné quelques jours plus tard sans que le souverain en ait jamais donné l'ordre... Bernard Bonnet serait-il le roi ?

C'est une panne d'ordinateur qui mettra providentiellement un terme à cette diatribe sans fin. Gérard Pardini et moi profitons de cette interruption pour échanger quelques mots. Il me parle de sa détention. Incarcéré à la maison d'arrêt de Fresnes, il ne bénéficie pas des mêmes « avantages » que nous. Placé à l'isolement, il reste enfermé dans une cellule aux murs suintants d'humidité pour éviter de se retrouver dans la cage sordide qui lui est assignée pour la promenade. Le directeur de cabinet du préfet n'a quasiment pour seul visiteur que Béatrice, la sœur de Bernard Bonnet avec laquelle il a emménagé quelques semaines avant l'affaire des paillotes.

Il est dix-huit heures trente lorsque le véhicule de gendarmerie me ramène à la Santé. Je me sens soulagé. Avant de quitter le Palais, le juge Cambérou m'a laissé entendre qu'il envisageait de me libérer dès le lendemain. De retour à la maison d'arrêt, il me faudra de nouveau effectuer toutes les formalités d'entrée. Les quelques heures passées à l'extérieur étaient décidément trop courtes. De nouveau la fouille, l'humiliation de se déshabiller devant un gardien goguenard et puis, ces empreintes digitales, que l'on prélève encore une fois. Elles seront immédiatement comparées à celles prises lors de mon départ quelques heures plus tôt. Qui sait si un complice ne se serait pas substitué à moi ?

30 juin, 7 heures du matin. Comme chaque jour, le surveillant ouvre la porte de ma cellule. Il est étonné de voir que la pièce est déjà prête pour recevoir un autre prisonnier. J'ai retiré les draps de mon lit, plié mes couvertures au carré, rangé mes affaires. Je suis prêt à partir. Je suis persuadé que je serai libéré dès les premières heures de la matinée. Pourtant le directeur de la prison ne recevra le fax du juge Cambérou lui notifiant ma levée d'écrou que dans l'après-midi. Cette journée entière passée à attendre ma libération sera, je crois, la plus longue de ma vie. Durant ces heures interminables, j'apprendrai par mon avocat Maître Stasi que le juge a décidé de garder le préfet « au chaud » plusieurs jours de plus. Je crois que Bernard Bonnet n'a trompé personne.

Quelques heures avant de quitter la prison, Alain Jego, le directeur, est venu me voir. Durant toute ma période de détention ce fonctionnaire s'est montré courtois, prévenant à mon égard. Il n'a jamais manqué de demander de mes nouvelles, de faciliter mon séjour dans la mesure où cela lui était possible. Il m'annonce que les journalistes attendent avec impatience ma sortie et qu'ils risquent de se déchaîner sur moi. Je ne souhaite pas les rencontrer. Habitué à ce genre de situation, il me propose un plan pour un départ en toute discrétion.

Alain Jego me fera quitter mes anciens quartiers dissimulé à bord d'une fourgonnette banalisée conduite par un personnel de l'administration pénitentiaire habillé en civil. Le véhicule me conduira à la station service de la porte d'Orléans où m'attend mon ami Claude, prévenu par téléphone portable. Le subterfuge va fonctionner à merveille. C'est tout juste si les journalistes accorderont un regard au véhicule dans lequel je suis caché. Le tour est joué. J'ai l'impression d'être dans la peau d'un évadé. Me voilà enfin dans la voiture de mon ami, je suis libre. Nous nous embrassons. Il me prête son téléphone pour appeler ma femme et lui dire que je la rejoindrai d'ici quelques minutes, le temps d'arriver à Boulogne. Mais, Danièle me rappelle que, compte tenu de ma nouvelle affectation à Paris, la direction générale de la gendarmerie nous a attribué un appartement de fonction au Fort d'Issy-les-Moulineaux. J'avais totalement oublié ce « détail ». Prévenue une quinzaine de jours auparavant, elle a eu juste le temps de se rendre en Corse pour s'occuper de notre déménagement. Elle sera d'ailleurs choquée de découvrir que des scellés ont été apposés à notre domicile. J'arriverai dans notre nouveau logement quelques minutes avant elle pour découvrir qu'elle s'est occupée de tout. Chaque meuble est à sa place. Chaque tableau est accroché au mur. Avec l'aide de deux gendarmes, Danièle a réussi la prouesse de recréer notre univers familier en un tournemain. Mon second coup de fil est pour ma mère. Elle est en pleurs. Elle a déjà appris ma libération par ma femme. Elle n'a pas reçu la dernière lettre que je lui ai envoyée durant mon incarcération. Fatiguée, profondément abattue par toutes ces épreuves, elle décédera quelques jours plus tard.

Des clés dans la serrure, une porte qui s'ouvre, Danièle se jette dans mes bras. Elle m'a annoncé lors de sa dernière visite au parloir que notre fille Marilys se trouvait en Espagne pour un stage en entreprise dans le cadre de sa scolarité. Quant à Stéphanie, elle est toujours en Angleterre. Pendant deux jours, nous resterons tous les deux à la maison. J'ai besoin d'un temps d'adaptation avant de me replonger dans l'arène. Pour notre première sortie, nous irons faire des courses à Boulogne. Plutôt que de rentrer tout de suite, nous irons dîner à la terrasse d'une brasserie. La vraie liberté. Nous parlons tous les deux de mon retour en gendarmerie. Je lui fais part de mon appréhension. Comment mes collègues vont-ils m'accueillir ? Ma femme me rassure. Elle m'explique qu'elle a reçu durant les deux mois qu'a durés mon incarcération, de nombreux témoignages de sympathie et de soutien. Au moment de régler le repas, je tends ma carte de crédit au serveur. Il la regarde de près... s'assure de mon identité et me sourit en me disant qu'il m'avait reconnu.

C'est malgré tout avec une réelle inquiétude que je rendrai visite, le 6 juillet, à mon directeur général

Bernard Prévost. Il m'assure de son soutien, m'annonce ma nouvelle affectation à la circonscription de gendarmerie d'Île-de-France basée aux Invalides et me demande de m'arranger avec mon nouveau patron, le général Lorant, pour prendre des permissions afin de récupérer et de préparer au mieux ma défense. Bernard Prévost s'inquiète pour moi. J'ai maigri de sept kilos, cette incarcération, il le sent, m'a sérieusement abattu. Je suis extrêmement ému. À aucun moment il ne me fera de reproches. Là, dans l'atmosphère feutrée de son bureau, je ne pourrai m'empêcher de penser à notre rencontre, quelques mois plus tôt, dans cette même pièce. Lui et moi, installés chacun à la même place. C'était par une douce journée de printemps. Mon directeur général me confirmait alors ma nomination en Corse que j'attendais déjà depuis plusieurs mois. Mais, entre-temps la situation avait changé sur l'île. Ma mutation n'avait plus rien à voir avec une affectation ordinaire. Il s'agissait dès lors d'épauler le préfet Bernard Bonnet qui avait la lourde tâche de remplacer Claude Érignac, lâchement assassiné le 6 février.

III

INTRIGUES DE PALAIS

Après avoir commandé le groupement de gendarmerie de Seine-et-Marne de 1993 à 1996, j'ai été affecté à la direction générale pour la troisième fois comme sous-directeur adjoint aux télécommunications et à l'informatique. Un an plus tard, je serai admis, tout en continuant à exercer mes responsabilités, comme auditeur au centre des hautes études de l'armement, dont le siège se situe à l'École militaire, face au Champs-de-Mars à Paris.

C'est pendant cette période que j'apprends que je fais partie de la « short list » des cinq à six colonels à qui sera confié le commandement d'une légion de gendarmerie départementale. Invité à établir une fiche de vœux, je fais part de mes desiderata en fonction des postes que je suppose se libérer au cours de l'été 1998. C'est ainsi que parmi mes souhaits figure la légion de Corse.

Janvier 1998. J'apprends que le directeur général envisage de me confier le commandement de la légion de Corse dans le courant de l'été en remplacement du colonel Yves Quentel. Son adjoint et chef d'état-major, le colonel Élie Arnaud, doit, quant à lui, rester en place. C'est logique : on ne renouvelle que rarement le chef et son adjoint en même temps, surtout en Corse où la situation de crise justifie une certaine continuité.

Ma satisfaction est grande, d'autant plus que cette affectation est la seule où son commandant conserve des attributions opérationnelles. Dans les autres légions du continent, le colonel est un gestionnaire de personnels et de moyens, les missions de terrain étant coordonnées par l'échelon supérieur : la circonscription. Pour la Corse, en raison de son particularisme lié à son isolement insulaire, le commandant de légion est quasi autonome. Je maintiendrai cependant au cours de mes fonctions les meilleures relations hiérarchiques avec le chef de ma circonscription, le général Guy Parayre, stationné à Marseille. Même si, parfois, je traiterai directement avec Paris des affaires importantes, pour l'informer dans un deuxième temps... c'est compréhensible.

En février, alors que le préfet Érignac vient d'être assassiné, on me confirme ma mutation prochaine comme commandant de légion. J'attends avec impatience la décision officielle de mon transfert. Tout juste installé dans ses fonctions, le préfet Bonnet a, pour sa part, une mission précise : rétablir, ni plus ni moins, l'État de droit sur l'île. Dès son arrivée, il renouvelle ses collaborateurs directs : préfet adjoint pour la sécurité, secrétaire général, secrétaire général aux affaires corses. Et choisit pour l'entourer des hommes qu'il connaît bien ou dont il est sûr que leur collaboration sera précieuse : Gérard Pardini, chargé de mission dans un premier temps, deviendra ensuite son directeur de cabinet à la mi-juin 1998 ; le lieutenant-colonel Cavallier jouera quant à lui un rôle d'agent de liaison. Cette présence atypique d'un officier de gendarmerie placé auprès du préfet n'a rien de très orthodoxe. Elle trouvera, toutefois, sa justification : Cavallier a surtout su se faire apprécier par Bernard Bonnet alors que tous les deux étaient en poste à Perpignan, l'un comme préfet du département, l'autre comme responsable du groupement de gendarmerie... et Bernard Bonnet aime être rassuré.

Cet officier arrive donc en Corse trois mois avant moi, quasiment dans les valises du nouveau préfet. C'est lui qui a proposé ses services à Bernard Bonnet et non pas l'inverse. Bertrand Cavallier est logé au palais Lantivy. J'apprendrai à cette époque, alors que je me trouve toujours à Paris, que le colonel Quentel n'apprécie guère cette situation. Pour lui, Bertrand Cavallier est un électron libre travaillant hors hiérarchie, faisant ce que bon lui semble, rencontrant qui il veut, le tout en prise directe avec le préfet.

L'équation est simple : Cavallier est venu avec Bernard Bonnet pour réaliser un état des lieux sur l'île. Il est, en quelque sorte, un observateur au service du préfet. Et de lui seul. Chargé des affaires en cours, il étudie les manquements de l'institution judiciaire, des pouvoirs publics, de la direction départementale de l'équipement, de la direction départementale de l'agriculture mais aussi de la gendarmerie en Corse qui est en cours de réorganisation.

Nous sommes dans une période de profond chaos, l'État de droit doit absolument être rétabli. Il faut agir. De par sa position exceptionnelle, le lieutenant-colonel Cavallier va se sentir investi de pouvoirs extraordinaires. Pour lui, il est clair que la Corse représente un tremplin inespéré pour sa carrière, et c'est pourquoi il ne s'est pas fait prier pour accompagner le préfet... même s'il s'en défend. Se sent-il déjà dans la peau du commandant de légion de la gendarmerie en Corse ? Une chose est sûre : cet officier présenté comme brillant, doté d'une forte personnalité, fera preuve d'un esprit particulièrement critique dans la réalisation de son audit. Il n'est d'ailleurs pas question de lui reprocher cela.

De mon côté, je trouve le temps long. Toujours pas de nouvelles quant à la date de mon affectation. Nous sommes en mars. Je suis encore à Paris. En attendant, je participe aux réunions organisées au sein de la direction générale lorsqu'elles traitent de la Corse. C'est ainsi que je plancherai sur la transformation de l'escadron d'Ajaccio en GPS (groupe de pelotons de sécurité), une unité plus affûtée et donc mieux adaptée aux missions qui lui seront confiées. Je découvrirai à cette occasion que les relations entre le préfet Bonnet et le colonel Quentel ne sont pas des meilleures. Sera évoqué aussi le dossier Cavallier. Compte tenu de sa position décidément trop atypique auprès du préfet, la hiérarchie envisage sérieusement de le rapatrier au niveau de la caserne Battesti. Il jouera le rôle d'officier supérieur adjoint au commandant de légion, chargé des opérations. Une responsabilité inédite qui se justifie par la situation tendue qui règne alors sur l'île et par la nécessité de renforcer l'état-major de la légion en matière opérationnelle. La mission de Cavallier consistera donc à faire le tampon entre les groupements, la section de recherches et le GPS. Pour ma part, je remplacerai, comme convenu, le colonel Quentel. Le colonel Arnaud sera mon chef d'état-major, donc le numéro deux. Quant à Bertrand Cavallier, il occupera la troisième place. Ma mutation n'est toujours pas prononcée...

Mi-mai. Enfin des nouvelles. Le directeur général décide de me détacher à Ajaccio dès le 25. Il souhaite que je sois rapidement mis dans le bain par mon prédécesseur pour prendre effectivement le commandement de la légion le 1er juillet. J'arrive en Corse à la date prévue. Je suis accueilli à l'aéroport par le colonel Quentel entouré d'une équipe de sécurité. La situation est tendue. Entre-temps, j'ai appris que Bernard Bonnet est intervenu, à plusieurs reprises, auprès de mes supérieurs. Certainement à la demande de Cavallier qui n'admet absolument pas de se retrouver numéro trois de la légion de gendarmerie sous les ordres du colonel Arnaud, le préfet a pesé de tout son poids pour que ce dernier soit muté. Le protégé du préfet sera donc nommé chef d'état-major. Voilà. Cavallier rêvait d'être le numéro un. Il aurait dû être le numéro trois. Il sera le numéro deux. Cette perspective ne m'enchante guère. Je n'ai jamais eu cet homme sous mes ordres, mais sa façon d'intriguer pour arriver à ses fins, son caractère réputé difficile et les mauvaises relations qu'il a entretenues avec Quentel et Arnaud ne me laissent rien présager de bon. Il faut savoir qu'au sein d'une légion de gendarmerie, la fonction de chef d'état-major est toujours occupée par un colonel. Et non pas par un lieutenant-colonel. Bertrand Cavallier vient donc de bénéficier d'un traitement de faveur. Du jamais vu. Cette promotion, considérée par certains officiers comme une injustice, va forcément créer des tensions au niveau de la légion. Je m'attendais bien à ce que ce poste en Corse ne soit pas de tout repos. Mais je pensais, au moins, pouvoir compter sur mon subordonné le plus proche. Je m'aperçois, dès mon arrivée, que les conditions de travail au sein même de mon état-major sont loin d'être optimales. Il faut pourtant que j'accepte cette situation.

J'avais déjà rencontré Bertrand Cavallier. C'était six mois auparavant. Nous étions tous les deux examinateurs à l'oral du concours d'entrée au collège interarmées de défense. Nous nous étions alors salués avec courtoisie. Sans plus. Distant de nature, Bertrand Cavallier n'est pas un homme avec qui l'on a envie d'engager une conversation. Début mai 1998, trois semaines avant que je n'arrive en Corse, il était passé me rendre visite à mon bureau de la direction des télécoms et de l'informatique à Rosny-sous-Bois. Son objectif avoué : m'annoncer qu'il travaillerait bientôt, selon toute vraisemblance, à mes côtés. J'avais alors cru percevoir dans sa façon de me parler, de me regarder, comme un étrange sentiment de défiance. Pour moi, cela avait été clair dès nos premières secondes d'entretien : si d'aventure je pouvais échouer dans ma mission insulaire, la route serait alors libre pour lui.

Mes considérations ne vont pas tarder à se confirmer. Très vite, je me rends compte que la fonction de chef d'état-major ne revêt que peu d'intérêt pour Bertrand Cavallier. Ce poste, il est vrai un peu ingrat pour un homme qui ne rêve que de terrain, consiste à jouer en partie le rôle du super secrétaire du commandant de la légion. Le chef d'état-major a sous sa responsabilité les différents services de la légion qu'il anime et supervise : le bureau des ressources humaines, le bureau organisation, études et contrôles, la section télécommunications-informatique et les services administratifs et techniques. Je vais très vite m'apercevoir que Bertrand Cavallier préfère, et de loin, continuer à développer ses relations avec l'extérieur. En fait, il persiste à jouer le rôle privilégié acquis auprès du préfet. Certes, il a quitté son bureau et sa chambre de la préfecture pour venir s'installer avec son épouse et ses quatre enfants dans le pavillon occupé précédemment par le colonel Arnaud à la caserne Battesti. Mais je sais qu'il se rend plusieurs fois par semaine au palais Lantivy pour y rencontrer Jean-François Illy, directeur de cabinet du préfet adjoint pour la sécurité, Gérard Pardini, et surtout Bernard Bonnet.

Cette situation n'est pas saine. Par ailleurs, je viens d'apprendre ma nomination anticipée. Je serai affecté comme commandant de légion dès le 1er juin au lieu du 1er juillet comme prévu. La passation de consignes avec Quentel n'aura duré que quelques jours. Ma prise de commandement, et donc mon investiture, se déroulera en fait le 2 juin. Je me vois dès lors obligé de prendre les choses en main le plus rapidement possible avant même d'avoir eu le temps de m'acclimater.

Je ne souhaite, cependant, pas tout casser dès mon arrivée. Je vais donc, progressivement, tenter de faire comprendre au lieutenant-colonel Cavallier qu'il n'est pas le commandant de légion et que son rôle à lui consiste à rester à l'état-major. Cela ne va pas aller sans mal. L'officier est sûr de lui. Il a déjà pris ses aises. Il se désintéresse de son travail. Alors qu'il est prévu que le chef d'état-major utilise une BX lorsque, épisodiquement, il doit se déplacer, Cavallier s'arrangera pour récupérer une Laguna, clone de ma voiture de fonction, afin de faire preuve de plus de prestance lors des nombreux déplacements qu'il effectue à l'extérieur. Des enfantillages auxquels je mettrai un terme. Il n'est pas question, alors que je viens d'arriver, que chacun en fasse à sa tête et selon ses convenances personnelles.

Jour après jour, mes soupçons se confirment. Cavallier joue un double jeu. Il sait que j'ai des relations au plus haut niveau de ma hiérarchie. Il doit se montrer prudent. En permanence à la limite du hors-jeu, l'officier saura toujours rester du bon côté de la ligne. Ainsi, il abondera dans mon sens à chaque fois que je demanderai à mes officiers, de s'investir, de se montrer plus réactifs avec leurs unités, de renforcer la mission de renseignement, la police judiciaire et la présence sur le terrain en motivant leur personnel. Dans ce domaine il ne fait aucun doute que Cavallier est sur la même longueur d'onde que moi.

IV

COUP DE FOUDRE

Avec ses lustres somptueux, ses tentures murales d'époque, son mobilier Empire et ce magnifique buste de l'Empereur en marbre de Carrare, le bureau de Bernard Bonnet en impose. Souriant, avenant, d'une élégance parfaite, le préfet est là, en face de moi. En accord avec l'effigie napoléonienne qui trône derrière lui, il me reçoit avec toute la distinction d'un proconsul parfaitement installé dans ses fonctions. Il me met, tout de suite, à l'aise. M'invite à m'asseoir. Dès le lendemain de mon arrivée à Ajaccio il m'a accordé ce premier rendez-vous. Il m'assure de sa grande satisfaction de me voir enfin sur l'île. Il compte beaucoup sur moi. Dans les hautes sphères de la gendarmerie, mes supérieurs ne lui ont fait que des éloges à mon sujet, notamment mon directeur général, préfet comme lui.

Je lui fais part de mon ardent désir de travailler à ses côtés. L'objectif est simple. Il nous faut coûte que coûte rechercher les meilleures synergies en mobilisant l'ensemble de nos collaborateurs. Représentants des pouvoirs publics et forces de gendarmerie doivent travailler en confiance mutuelle. Je lui offre mon soutien total et ma parfaite loyauté. Le courant passe. Cela ne fait aucun doute, le haut fonctionnaire m'a apprécié dès les premières minutes de notre rencontre. Je sens immédiatement que j'ai en face de moi un homme capable de motiver ceux à qui il a décidé d'accorder sa confiance. Bernard Bonnet est un grand commis de l'État. Un de ces personnages pour lequel on ne peut que se dévouer sans compter.

Dès que j'ai appris, en début d'année, que j'allais commander la légion de gendarmerie de Corse et plus encore sitôt après l'assassinat du préfet Érignac, je me suis imposé de connaître un maximum d'éléments concernant l'île, tant au plan de la géographie que de son histoire, de sa culture, de ses coutumes mais également de la situation telle qu'elle se présente actuellement aux plans politique, économique et, bien sûr, sur son particularisme lié au terrorisme. C'est ainsi que, quelques semaines auparavant, j'ai été amené à rencontrer à Paris le contrôleur général Bernard Squarcini, numéro deux des renseignements généraux. Spécialiste de la Corse, cet homme, dont tout le monde s'accorde à dire qu'il est un grand flic, a bien voulu me confier amicalement, pour mon information, un certain nombre de dossiers d'une excellente qualité, très détaillés, réalisés par ses services. Les différents mouvements nationalistes et terroristes corses n'ont plus de secret pour moi ! Outre ces savantes études stratégiques, j'ai aussi pas mal potassé les rouages de l'organisation et des ressources humaines de la gendarmerie en Corse. Un travail fastidieux, pour lequel j'ai dû me remettre dans la peau d'un étudiant en plein bachotage. Chaque soir, avant de me coucher, ma femme m'a longuement interrogé afin de vérifier mes connaissances.

Fort de cette préparation plus intellectuelle que

pratique, la suite de mon « grand oral » avec le préfet Bonnet se passe bien. Très bien. Il découvre en moi un collaborateur très au fait de la problématique corse et déterminé à prendre une part active dans le rétablissement de l'État de droit.

Pour ma part, je fais la connaissance d'un homme vif, volontaire, dopé par l'adversité, par l'ardent désir de réussir son challenge et parfaitement conscient des lourdes responsabilités qui lui incombent. Cela ne fait aucun doute, nous partageons des points de vue identiques. Il me fait vite comprendre qu'il entretient les meilleures relations de confiance avec les plus hauts responsables du gouvernement, notamment avec Matignon, et qu'il a été nommé à ce poste avec des pouvoirs étendus pour sortir enfin de l'impasse. Ne va-t-il pas être à sa grande satisfaction assimilé à un gouverneur, un proconsul ?

À l'issue de notre entretien, il sera convenu que nous nous rencontrerons tous les soirs, hors de la présence des représentants des différentes composantes de la police à laquelle il ne fait pas la plus entière confiance, pour faire le point de la situation. En effet, lors de son précédent passage en Corse quelques années plus tôt comme préfet adjoint chargé de la sécurité, mon nouveau patron a appris à faire preuve de la plus grande circonspection vis-à-vis des renseignements généraux locaux et du SRPJ d'Ajaccio. Des services au sein desquels, selon lui, les nationalistes ont un peu trop leurs entrées. Il me précisera enfin que les questions délicates ne seront évoquées confidentiellement qu'en la présence de Gérard Pardini et de lui-même. Le préfet adjoint pour la sécurité, Francis Spitzer, particulièrement loyal et dévoué tel le centurion de la bible comme il se décrit, ne fera cependant jamais partie du premier cercle des intimes du préfet. Très impressionné par la personnalité de Bernard Bonnet, il ne prendra jamais aucune initiative, préférant être le simple exécutant des décisions du préfet de région. Ce dernier ne lui fera donc aucune confidence.

Ma première impression est excellente. Je suis convaincu que je m'entendrai bien avec le préfet. Nous avons en commun la volonté de réussir sans rien négliger et en donnant le meilleur de nous-mêmes, quitte à sacrifier notre vie personnelle. Il y va de l'intérêt supérieur de l'État.

V

PLAN DE BATAILLE

Tous les soirs, vers 19 heures, Pardini et moi retrouvons donc le préfet Bonnet sous les dorures du palais Lantivy pour faire un point précis de notre travail et de l'évolution de la situation. Dans un premier temps, le lieutenant-colonel Cavallier participera à ces réunions. Mais très vite mes soupçons à son égard se confirmeront. Grâce au réseau qu'il a pu constituer durant les trois mois précédant mon arrivée en Corse, l'officier bénéficie d'informations qu'il se garde bien de me communiquer. En liaison avec un gradé de la section de recherche avec lequel il correspond fréquemment, mon chef d'état-major obtient des renseignements de première main concernant, entre autres, l'évolution de l'enquête sur le dossier du Crédit Agricole.

Son manège consiste à attendre notre bilan quotidien avec le préfet, pour livrer ses renseignements directement à Bernard Bonnet sans m'en avoir fait part auparavant. Très vite, je lui ferai comprendre que cette façon de procéder est déloyale et inacceptable. Et que désormais avant d'évoquer un sujet à la préfecture, nous en aurons parlé dans mon bureau et décidé ensemble de la façon de l'aborder lors de la réunion du soir. Mais, rapidement, ma connaissance des dossiers et la confiance que m'accorde le préfet feront que Cavallier ne participera plus aux réunions.

Quant à Pardini, sa connaissance de l'île va se révéler utile pour le préfet. Cet ancien élève du Lycée Fesch d'Ajaccio a le contact facile. On n'hésite pas à lui parler des dysfonctionnements de la vie locale. À cette époque, il passe de longues journées à traiter le flot de courrier provenant des administrations de l'île. Ainsi, le soir, il lui arrive, en accord avec le préfet, de me tendre une chemise en me signalant certains éléments qui mériteraient d'être exploités. Travailleur acharné, consciencieux, très professionnel, Gérard Pardini est un collaborateur précieux. Il préparera dans les premiers mois les inspections générales déclenchées de Paris, qui déboucheront sur des réorganisations administratives et parfois sur le déclenchement d'enquêtes induites par le préfet dans le cadre du fameux article 40 du code de procédure pénale [1], que j'aurai à mener avec ma section de recherches, assistée du bureau renseignements de la légion.

La tâche de notre équipe est lourde. Il apparaît très vite que notre action à tous doit s'inscrire dans la durée. Au lendemain de l'assassinat du préfet Érignac, le retour au respect de la règle commune sans aucune compromission est plutôt bien accueilli par une population en majorité sensible à ce nouveau langage répu-

1. Article 40 du Code de procédure pénale : « [...] Toute autorité constituée, tout officier public ou fonctionnaire qui, dans l'exercice de ses fonctions, acquiert la connaissance d'un crime ou d'un délit, est tenu d'en donner avis au procureur de la République et de transmettre à ce magistrat tous les renseignements [...]. »

blicain. Ainsi, lors de chacune de nos réunions, nous évoquerons l'un des aspects précis des travaux d'Hercule que nous nous sommes mis en devoir d'accomplir. La lutte contre la délinquance de droit commun, le contrôle de certains secteurs de l'économie locale, de l'intégrité de ses acteurs et de la gestion des fonds publics, la clarification et la régularisation des listes électorales...

Dernier point, et non des moindres, il nous faut prévenir les démonstrations armées, élucider enfin les attentats et les assassinats. Dans cette perspective, l'un de nos premiers objectifs consistera à tout mettre en place pour freiner les sources de financement des mouvements liés aux terroristes, tout en démantelant les infrastructures sur lesquelles ils s'appuient.

Nous accentuerons particulièrement nos efforts autour de la société de transports de fonds Bastia Sécurita, qui permet notamment au FLNC d'entretenir financièrement une véritable armée privée. Nous travaillerons également sur les agences de location de véhicules, particulièrement Hertz, qui, par ses milliers de voitures aux immatriculations fluctuantes, procure aux indépendantistes, tout comme aux malfaiteurs de droit commun, des capacités de mobilité défiant toute concurrence.

Nous nous rendrons compte rapidement que la dynamique que nous souhaitons mettre en place risque de se heurter au fil des jours à des écueils insurmontables si nous ne progressons pas rapidement. Or, en dépit du renouvellement de la quasi-majorité des directions des services extérieurs de l'État, nous découvrirons vite l'immobilisme d'une partie de l'administration corse due à l'inertie, voire à la compromission, de certains fonctionnaires de proximité.

Les exemples sont nombreux de ces détournements de fonds publics au profit d'entités nébuleuses. Je n'en citerai qu'un : de 1994 à 1997, alors que les petits paysans corses sont étranglés financièrement, la Chambre d'agriculture de Haute-Corse absorbe la majorité des subventions agricoles pour son propre fonctionnement. Alerté, le gouvernement dissoudra la chambre deux ans plus tard. Entre-temps, Michel Valentini, son président, a été mis en examen et écroué dans l'affaire du Crédit Agricole. On ne compte plus ce type de pratique frauduleuse devenu presque une habitude sous couvert de gestion administrative.

La tâche s'annonce difficile. Il nous faudra travailler d'arrache-pied, de jour comme de nuit. Solitaire, n'aimant fonctionner qu'avec un cercle réduit de collaborateurs fiables, Bernard Bonnet nous sollicitera, Gérard Pardini et moi, en permanence. Lors de nos rares moments de détente, nous nous retrouverons tous les trois dans ses salons privés devant un verre de Perrier ou de whisky.

Dès notre troisième réunion, alors que je me trouve en Corse depuis moins d'une semaine, le préfet me fait part de son inquiétude quant au déroulement des journées nationalistes de Corte qui, comme chaque année, doivent se tenir les 7, 8 et 9 août. Ces grandes réunions rassemblent également des nationalistes irlandais, basques et kanaks. Elles sont l'occasion d'une gigantesque kermesse sur fond de meeting et de discours ultras. Il est courant qu'au moment de la conférence de clôture, des hommes cagoulés et armés montent sur scène, s'expriment de manière véhémente et tirent quelques salves en l'air alors que la foule en liesse scande « FLNC, FLNC »... Une pratique qui tient du folklore local et systématiquement relayée par les chaînes de télévision. Le gouvernement est, à l'époque, très divisé sur la stratégie à adopter. Le ministre de l'Intérieur, Jean-Pierre Chevènement, souhaite purement et simplement interdire cette manifestation. La Garde des Sceaux, Élisabeth Guigou, n'entend pas s'y opposer. C'est Lionel Jospin en personne qui arbitrera.

Bernard Bonnet reçoit des directives sans équivoques de la part de Matignon : ces démonstrations de gens cagoulés et armés ne doivent en aucun cas avoir lieu. Les propos sont fermes et précis. L'État ne doit pas être bafoué. Le challenge est de taille. Je ne peux me permettre, en aucun cas, de faillir à une mission décidée en très haut lieu. Bernard Bonnet sait que si nous parvenons à contrôler ces Journées de Corte, son champ d'action sera considérablement élargi. Le gouvernement lui laissera carte blanche pour mener à bien sa propre politique.

Il me faut monter une opération d'envergure. Premier objectif : sécuriser le secteur de Corte. La fin justifiant les moyens, j'obtiens les effectifs demandés à ma direction générale. L'équation est claire. Si l'on veut dissuader un groupe du FLNC de venir rouler des mécaniques, nous devons de notre côté, au-delà d'une vigilance de tous les instants, montrer notre force et notre détermination. Pour préparer cette opération, je décide dans un premier temps de me rendre sur place bien avant l'installation des infrastructures destinées à accueillir les participants. Il est indispensable de connaître le déroulement exact de ces journées. Une recherche opérationnelle du renseignement, très en amont, se révèle nécessaire. Nous devons également étudier avec précision la topographie des lieux en cas d'intervention. En les découvrant par moi-même plutôt que de me fonder sur des cartes ou des schémas, j'aurai mieux en tête notre future façon de procéder. Dès mon arrivée à Corte, je demanderai au responsable de la compagnie de gendarmerie locale de me montrer précisément le lieu où se déroule la manifestation et ses abords. Il s'agit d'un terrain vague situé à la sortie de la ville, à un carrefour routier, non loin de la gare.

Nous observons la configuration des lieux. Je suis accompagné par le commandant du groupement de Haute-Corse venu spécialement de Bastia, par le capitaine Vasseur commandant de la compagnie de Corte et par son adjoint. Nous sommes tous en tenue traditionnelle de gendarme, en chemisette bleu clair. Pourtant, visiblement mal à l'aise, les officiers m'expliquent très vite qu'en tant que fief nationaliste, Corte n'est pas un endroit où l'on se promène partout en uniforme pour des opérations de reconnaissance, notamment dans les ruelles derrière la gare. Il ne faut pas « provoquer » les nationalistes. J'en reste bouche bée. La pression est telle ici que les représentants de l'ordre en viennent à accepter l'existence de zones de non-droit. Avant d'en venir aux détails de notre opération, je rappelle à mes officiers que le dispositif imposant que nous mettrons en place devra nous permettre à tout moment de maîtriser la manifestation. Il y aura un message fort dans notre détermination : certes, il existe en France une liberté d'expression, mais elle a les limites que le droit détermine. Nous sommes ici pour le rappeler et pour le faire appliquer. Le gouvernement ne tolérera pas d'événements incontrôlables et subversifs sur le sol de la République.

Pour ces journées, nous déploierons un dispositif impressionnant sans être provocateur. Certes, les médias nationalistes nous reprocheront d'avoir transformé Corte en camp retranché. Il est vrai que la présence gendarmique était forte. Trois semaines avant le début des festivités, une recherche très minutieuse au niveau du renseignement est mise sur pied. J'exige que mes hommes vérifient toutes les réservations prises dans les hôtels du secteur. Les patrouilles et les contrôles routiers dans la profondeur du terrain comme dans Corte et ses abords s'intensifient au fur et à mesure que l'échéance approche, et encore plus pendant la manifestation. Je demanderai par ailleurs l'appui de trois escadrons de gendarmerie mobile afin d'être en mesure, selon l'évolution de la situation, de boucler et de filtrer totalement la zone. Mobilisation enfin du GIGN en cas de coup dur pour une éventuelle intervention ponctuelle... mais risquée. Je souhaite que la dissuasion marche. Côté logistique, par mesure exceptionnelle, je bénéficierai du concours d'un hélicoptère Écureuil. Cet appareil, équipé dans son flanc d'une caméra haute définition retransmettra en temps réel les moindres mouvements des participants sur un écran installé dans mon PC, basé pour la circonstance à la compagnie de gendarmerie de Corte.

L'Écureuil volera la plupart du temps à plus de cinq kilomètres du rassemblement, au-dessus du massif de la Restonica. Simulant une opération de secours en montagne, il restera en réalité en vol stationnaire pendant que l'un des membres de l'équipage filmera au zoom tous les détails de la manifestation, qui me seront transmis en direct au PC par réseau hertzien.

Ce déploiement de forces et cette détermination porteront leurs fruits. Aucun débordement ne sera enregistré à la grande satisfaction du gouvernement et du préfet qui, dès lors, me vouera une confiance absolue, renouvelée au fur et à mesure des résultats obtenus par l'ensemble de mes unités. Les statistiques 1998 enregistreront une baisse de 70 % des attentats par explosif, de 62 % pour les vols à main armée et les tentatives, et 40 % pour les incendies volontaires. Par ailleurs, sur vingt-quatre homicides résolus en 1998, seize le seront par la gendarmerie. Enfin, pendant mon commandement, il n'y aura aucune conférence de presse clandestine armée dans le maquis.

VI

GUERRE DES POLICES

La scène se passe fin juin, sur la terrasse attenante aux appartements et au bureau du préfet, dans le parc du palais Lantivy. À l'occasion d'un déjeuner qui se veut décontracté, Monsieur et Madame Bonnet ont convié à leur table quelques invités : Gérard Pardini son directeur de cabinet, le préfet Spitzer chargé de la sécurité, le commissaire Roger Marion patron de la division nationale antiterroriste (DNAT) et moi-même. Je viens depuis peu d'arriver en Corse et nos hôtes ont profité d'un passage de Roger Marion sur l'île pour organiser cette rencontre conviviale afin que nous recherchions ensemble des terrains de collaboration efficace.

Je suis réellement satisfait de pouvoir enfin m'entretenir avec ce fonctionnaire aux méthodes prétendument sulfureuses, mais dont beaucoup s'accordent à dire que c'est un grand flic. J'ai toujours eu pour principe d'éviter d'écouter les on-dit et de me faire mes idées par moi-même. Ce déjeuner est une occasion idéale pour un premier contact. Il fait un temps magnifique. Tout incite à la bonne humeur. Les gens plaisantent, rient de bon cœur. Avec le plus grand naturel, l'épouse du préfet joue parfaitement son rôle de « première dame » de l'île. Elle s'intéresse à ses invités, veille à leur bien-être et met un point d'honneur à ce que le service soit impeccable.

Plutôt bel homme, la cinquantaine gominée, lunettes de soleil, Roger Marion semble très à l'aise dans son costume crème. L'homme capte l'attention de la tablée, parle avec emphase et fait de l'humour en tournant en dérision la politique des nationalistes. Voilà quatre mois maintenant qu'il travaille avec ses équipes à la résolution du meurtre du préfet Érignac. La DNAT a été co-chargée de ce dossier explosif avec le SRPJ d'Ajaccio. Marion a beaucoup de mal à dissimuler ses réticences quant à ce service dont l'ancien patron, le commissaire divisionnaire Demetrius Dragacci, était – prétend-il – trop immergé dans la vie insulaire locale pour faire preuve du recul et de l'impartialité nécessaires. Je suis étonné par ces allusions. D'autant plus étonné qu'il est de notoriété publique que le chef du SRPJ était l'un des plus fins connaisseurs des dossiers locaux. Je ne sais pas encore que le commissaire Marion est l'artisan d'un travail de sape en profondeur pour se débarrasser d'un service de police qui fait de l'ombre à la DNAT, dont il a décidé dès le départ de l'enquête qu'elle serait la seule à travailler sur l'assassinat du préfet. Au petit jeu des coups bas et des intrigues de couloirs, Roger Marion finira par l'emporter. Quelques semaines plus tard, Demetrius Dragacci sera débarqué. Je ne sais pas encore que le même sort m'a été réservé pour l'affaire de Pietrosella. Dans une subtile partie de billard à plusieurs bandes dont il est le seul à connaître les règles, le commissaire Marion est déjà en train de mettre en place une stratégie pour m'éloigner.

En ce début d'après-midi tiède et paresseux, le déjeuner traîne en longueur. C'est entre la poire et le fromage que Roger Marion en vient à faire le point sur ses dernières investigations. Le policier donne à fond dans la « piste agricole ». Il nous explique comment avec ses enquêteurs il en est arrivé aux conclusions suivantes. Le 9 février 1998, au lendemain de la mort de Claude Érignac, un groupe anonyme revendique l'assassinat du préfet par le biais d'un communiqué. Ce communiqué est authentifié car il révèle noir sur blanc le numéro de série (AOO199) du pistolet utilisé pour commettre le crime. Après avoir craché la mort, ce Beretta a été abandonné à côté du corps. Or, il se trouve que l'arme a été volée six mois plus tôt lors d'une opération commando lancée dans la nuit du 5 au 6 septembre 1997 contre la gendarmerie de Pietrosella, en Corse-du-Sud.

Cette opération sera revendiquée le 10 octobre 1997 par un mystérieux et – jusque-là – inconnu groupe Sampieru, qui semble également responsable d'un attentat commis la veille contre l'ENA à Strasbourg, puis d'un autre un mois plus tard au palais des congrès de Vichy. Le pistolet abandonné sur les lieux du crime fournit le chaînon manquant et accuse Sampieru. Sur la base de plusieurs textes de revendication dont la phraséologie a été soigneusement étudiée, le commissaire Marion est persuadé que le groupe Sampieru rassemble des indépendantistes radicaux proches notamment des milieux agricoles. La DNAT pointe entre autres Dominique Mathieu Filidori, un agriculteur nationaliste de la première heure, soupçonné parce que les communiqués du groupe sont rédigés dans un style qui lui est propre.

Il est environ seize heures lorsque Gérard Pardini, Roger Marion, le préfet Spitzer et moi-même prenons congé du couple Bonnet.

Juste avant de se séparer, il a été convenu que la gendarmerie participera quelques jours plus tard à une vaste perquisition menée par la DNAT en plaine orientale, sur le domaine de Pinia, géré par Filidori. Il n'est pas rare que sur des cas précis, un service de police demande l'assistance d'officiers de police judiciaire territorialement compétent pour mener à bien les investigations. Il est alors normal que pour ce type de mission les services concernés travaillent de concert en se répartissant les rôles. L'opération consistera à fouiller de fond en comble les différents bâtiments composant le domaine et à contrôler tous leurs occupants. Le commissaire sait que nous avons une excellente connaissance des lieux. Pour cette perquisition commune, j'ai demandé au commandant du groupement de Haute-Corse d'être personnellement présent et de manifester ainsi notre bonne volonté. Mais les gendarmes ne vont pas tarder à déchanter. La veille de l'intervention, l'officier me fera part de son étonnement. À aucun moment – ne serait-ce que par courtoisie – Roger Marion ne l'a contacté pour lui exposer sa façon d'envisager son intervention, de mettre en place une méthode de travail. En fait, notre action se résumera uniquement en soutien logistique (barrages routiers, vérifications d'identité des personnes présentes sur la propriété), sans que l'on ait à exprimer un quelconque sentiment sur la manière d'opérer, sans concours actif et efficace d'officiers de police judiciaire. Mes hommes auront l'impression d'un remake du commissaire Maigret où le « brave » gendarme joue le chauffeur et le faire-valoir du policier héros. Avant la fin des opérations nous déciderons de nous retirer. Je demanderai à mes personnels de terrain de se montrer désormais des plus réticents vis-à-vis des sollicitations des fonctionnaires de la DNAT.

Par la suite, je déclinerai presque systématiquement les offres de collaboration du commissaire Marion sauf, bien sûr, lorsqu'un magistrat instructeur d'une affaire nous demandera expressément de servir de soutien à la police judiciaire. Toutefois, mes services, et principalement la section de recherches, continueront à coopérer avec les policiers de la DNAT en leur fournissant, sur demande, des renseignements sur les personnes qu'ils s'apprêtaient à interpeller. Autant dire que je ne regrette pas le clash survenu lors de l'incident chez Dominique Mathieu Filidori. Excellent prétexte pour ne pas participer aux désastreux spectacles qui suivront. À chaque intervention de la DNAT, copieusement médiatisée, s'ensuivra une vague d'arrestations, sans lien apparent avec l'enquête. Ce caractère massif et dénué de discernement des interpellations de centaines de personnes, parfois âgées, dans une société de proximité, donnant ainsi l'image d'une police expéditive « coloniale », a fini par hérisser la population tout entière. Les Corses, scandalisés et révoltés, ont eu l'impression qu'on les prenait tous pour des assassins. Tout cela nourrissait des amalgames dangereux et n'a fait que détériorer les relations de la population avec les forces de sécurité de l'île, notamment avec la gendarmerie. Il ne faut donc pas s'étonner si parfois des brigades, qui sont autant de représentation de l'État dans la profondeur du territoire, ont été la cible d'attentats qui auraient pu avoir des conséquences très graves pour les militaires et leur famille.

Beaucoup de choses inexactes ont été affirmées au sujet des investigations que nous avons menées sur des individus s'avérant être à l'origine de l'exécution du préfet Érignac. Afin de déstabiliser la gendarmerie, on a énormément parlé d'une enquête occulte de mes services autour de cet assassinat. Il me semble utile de préciser la façon dont les choses se sont réellement passées. Elles mettent en lumière les antagonismes entre magistrats et enquêteurs et la sempiternelle guerre des polices qui tout au long de mon passage en Corse a pourri les dossiers en cours.

Retour au 6 septembre 1997. Ce jour-là un commando armé attaque comme je l'ai évoqué plus haut, la brigade de gendarmerie de Pietrosella. Une action menée de main de maître par cinq hommes cagoulés, rompus aux méthodes militaires. Le groupe armé a choisi cette cible en raison de sa situation isolée et de son emplacement près de la route, en bord de mer. Des repérages soigneux ont été effectués longuement à l'avance : horaires de ronde des gendarmes, fréquences des entrées et sorties des véhicules, itinéraires d'exfiltration. Il est un peu plus de vingt-deux heures lorsque les inconnus décident de se déployer autour de leur objectif. Une estafette de la gendarmerie vient de quitter la brigade pour sa tournée nocturne. Il ne reste plus qu'à attendre son retour pour passer à l'action.

0 h 50. Plus aucune lumière aux fenêtres du bâtiment principal. Tout est calme. L'ombre d'un véhicule se profile sur la route déserte. Après presque trois heures de patrouille, la camionnette revient à son port d'attache. Arrêt devant la grille d'entrée. La porte côté passager s'ouvre. Un gendarme descend, fait glisser le lourd portail pour laisser le passage à la fourgonnette. C'est le moment que le commando nationaliste choisit pour entrer en piste. Deux hommes neutralisent le gradé tandis, qu'ignorant tout du piège qui se referme sur lui, son collègue au volant pénètre dans l'enceinte. Il est à son tour bâillonné et ligoté. Tout va alors très vite. Après avoir brisé une fenêtre, l'un des membres du commando se faufile dans le local administratif, place des charges explosives et programme son retardateur. Il ne lui reste plus qu'à rejoindre ses complices qui l'attendent à bord du fourgon. Cap sur la commune de Coro. À l'arrière du véhicule, les deux gendarmes pris en otages, n'ont aucune idée du sort qui leur a été réservé. Dépouillés de leurs vêtements, les chevilles et les poignets enserrés par des liens, des sacs en toile de jute sur la tête, ils sont abandonnés quelques kilomètres plus loin en plein maquis. Les nationalistes ont pris soin de les délester de leur Beretta.

L'une des armes, on l'a vu, sera utilisée pour

abattre Claude Érignac. La gendarmerie est co-saisie du dossier avec le SRPJ d'Ajaccio. C'est le juge d'instruction parisien Gilbert Thiel, du pool antiterroriste regroupant également les juges Bruguière, Levert et Ricard, qui est chargé du dossier. Très vite, un de nos services centraux, le bureau animation coordination (BAC) s'associe à la réflexion en participant à des réunions pilotées par le juge. Basée à notre direction générale rue Saint-Didier dans le XVIe arrondissement, cette cellule, sous la responsabilité d'un officier supérieur, est systématiquement actionnée lorsque de grosses affaires (terrorisme, grand banditisme, infraction sur la législation des stupéfiants) méritent un traitement au plus haut niveau. Il faut savoir par ailleurs qu'un commissaire de police jouant le rôle d'officier de liaison est détaché en permanence auprès de la direction générale de la gendarmerie pour faire part de son expérience des grands projets en cours dans son institution et faire remonter au ministère de l'Intérieur les renseignements qu'il juge utiles. De la même façon, un officier de gendarmerie, un colonel, détaché place Beauvau, effectue le travail dans le sens inverse. Jusque-là, rien d'anormal.

Peu après l'affaire de Pietrosella, la gendarmerie se lance à corps perdu dans la recherche des auteurs de ce commando. Humiliés, profondément touchés dans leur honneur, les gendarmes enquêteurs en font une affaire personnelle. Ils collaboreront loyalement avec le SRPJ.

Des moyens d'investigation considérables sont mis en place. La section de recherche travaille jour et nuit, des équipes du GIGN et de l'EPIGN (escadron parachutiste d'intervention de la gendarmerie nationale) sont envoyées sur l'île pour effectuer des observations et des filatures sur des individus suspects. Enfin, des centaines de recoupements sont réalisés sur ordinateur grâce à notre logiciel ANACRIM (analyse criminelle). Cet outil sophistiqué garde en mémoire les caractéristiques précises des personnes fichées et permet de réaliser un maillage serré de personnalités susceptibles de constituer un même groupe en fonction du type de délinquance qui les caractérise. Ce système repose sur l'utilisation de techniques pointues qui permettent l'exploitation de fichiers d'investigations criminelles à l'aide d'un logiciel spécifiquement développé pour ce type d'application.

L'enquête des gendarmes concernant l'attaque de la brigade progresse lentement. Six mois après ce fait d'arme, le 7 février, le préfet est exécuté. Les tueurs n'ont rien laissé au hasard. Claude Érignac vient de déposer son épouse devant le théâtre Kalliste avant de redémarrer en quête d'une place de stationnement. Il est 20 h 58. Le couple doit assister à un concert donné par l'orchestre lyrique de la région Avignon-Provence. Après avoir fait le tour d'un pâté de maison le préfet réussit enfin à garer sa Safrane à l'angle du cours Napoléon et de la rue Colonel-Colonna-d'Ornano. Il descend rapidement de sa voiture, se hâte vers le théâtre, croise sans le savoir Alain Ferrandi, le chef du commando, puis passe à la hauteur de Pierre Alessandri, un autre nationaliste chargé de couvrir le tueur en cas de problème. Lors de sa garde à vue, Pierre

Alessandri fournira une explication précise, et rapportée dans la presse, sur la façon dont les choses se sont alors déroulées : « Presque immédiatement après avoir croisé le préfet, j'ai entendu des coups de feu sans pour autant dire combien il y en a eu. Dès que j'ai entendu cela, je me suis retourné et j'ai vu le préfet qui était à terre, je crois qu'il était déjà mort. Mais Yvan Colonna lui a assené le coup de grâce ». Voilà. Il est 21 h 03. Claude Érignac vient d'être abattu de plusieurs balles tirées dans le dos, à bout portant. Avant de prendre la fuite, son assassin abandonne son arme sur place. C'est un Beretta, l'un des pistolets volés à Pietrosella. Cette signature ainsi que d'autres éléments ne laissent aucun doute. Les deux affaires sont totalement imbriquées. Trois jours après l'assassinat, un texte sans sigle signé par un groupe anonyme revendique cette action : « L'action que nous revendiquons aujourd'hui est parfaitement réfléchie et hautement politique. Elle n'est pas le fruit d'une quelconque dérive ou l'action isolée de soldats perdus de la lutte nationaliste, encore moins une œuvre barbouzarde comme certains ne manqueront pas de l'affirmer pour masquer leurs contradictions profondes. »

Grâce à l'intelligence d'ANACRIM et à des semaines d'un travail sans relâche sur le terrain, nous parvenons à établir un organigramme assez précis des liens entre différentes personnes, proches de la mouvance nationaliste dure, qui sont susceptibles d'avoir participé soit de près, soit de loin à l'opération de Pietrosella. Le dénominateur de toutes ces personnes s'appelle Alain Ferrandi, dont il s'avérera plus tard qu'il était l'un des principaux protagonistes de l'assassinat du préfet Érignac. L'avant-veille du 5 septembre 1997, trois personnes qui entretenaient des relations étroites avec le chef du commando ont pris l'avion pour le continent à partir d'aéroports différents : Bastia-Poretta, Ajaccio et Figari.

Quelques jours après Pietrosella, elles ont été vues sur l'île. Pourtant, aucun billet d'avion de retour à leur nom n'a été enregistré auprès des compagnies aériennes. En fait, ce trio est certainement rentré au pays en bateau sans laisser de trace. Ce subterfuge leur fournira un alibi en béton dans l'affaire de Pietrosella. Autre point troublant, l'une de ces personnes a un frère domicilié à Mulhouse. Or, c'est de cette ville que sera envoyée au quotidien *Les Dernières Nouvelles d'Alsace* une lettre revendiquant l'attentat contre la gendarmerie.

Deux jours après l'assassinat de Claude Érignac, deux femmes, une mère et sa fille, se présentent au commissariat d'Ajaccio. Elles disent avoir assisté au crime alors qu'elles remontaient le cours Napoléon dans leur Peugeot 106. Voici la synthèse rendue publique de leurs déclarations rédigée par un officier de police : « La mère, conductrice du véhicule, dit avoir aperçu deux hommes jeunes, l'un blond et l'autre brun de type méditerranéen. Sa fille remarque un homme brun, âgé d'une trentaine d'années, qui entreprend d'enlever ses gants tout en trahissant son inquiétude par les va-et-vient de son regard. Un second individu, blond, tient une arme à la main en direction du sol. La jeune femme précise que cet homme, rencontrant des problèmes avec son arme, avait à plusieurs reprises actionné la partie haute du pistolet vers l'arrière. »

Curieusement, ces deux témoins sont l'une l'épouse, l'autre la fille d'un ancien légionnaire basé à Calvi. Ce dernier, proche des milieux nationalistes, a envoyé un télégramme de félicitations au journal *U Ribumbu* au lendemain du premier tour du très bon score des nationalistes pour les élections territoriales. Démarcheur au profit d'une mutuelle d'assurances militaire, le GMPA (groupement militaire de prévoyance des armées), il connaissait bien les gendarmeries et notamment la disposition des lieux de la brigade de Pietrosella qu'il avait visitée avant le 5 septembre 1997. Outre ses activités de VRP, cet ex-béret vert travaille régulièrement pour des groupes paramilitaires en Afrique. Il semblerait qu'il soit aujourd'hui en poste quelque part en Angola. Les noms de ces personnes (le trio preneur d'avion sans retour et le mercenaire « africain ») avaient déjà été crachés à l'été 1998 par notre logiciel ANACRIM. Nous étions loin de la piste agricole dans l'attentat de la brigade de Pietrosella. Ces renseignements resteront donc inexploités.

Je reste aujourd'hui persuadé que ces personnes auraient beaucoup à dire sur Yvan Colonna, toujours pointé comme l'assassin présumé du préfet. Autre précision, les noms de certains membres du commando qui ont participé à l'attentat contre la brigade comme au guet-apens contre le préfet avaient été engrangés par notre ordinateur puis donnés au juge lors de notre dessaisissement en décembre 1998. Pourquoi avoir attendu si longtemps ?

Retour à la cellule de coordination de la rue Saint-Didier. L'enquête de la gendarmerie sur l'attentat de Pietrosella a donc déjà établi les profils de plusieurs suspects lorsque, fin septembre 1998, lors d'une réunion de coordination à Ajaccio en présence des différents services concernés, le juge Thiel s'en prend au SRPJ. Le magistrat vient d'apprendre que ces policiers, avec lesquels nous travaillons de concert sur Pietrosella, fournissent régulièrement le contenu des enquêtes de la gendarmerie à la division nationale antiterroriste (DNAT) alors qu'elle n'est pas saisie de ce dossier. Le climat est de plus en plus lourd entre les différents groupes d'enquête. Tout le monde soupçonne tout le monde.

Quelques semaines plus tard, un autre incident dû, cette fois, à la maladresse d'un officier de gendarmerie, n'arrange rien à ce climat délétère. Dans une note interne datée du 29 octobre, ce membre du bureau animation coordination critique à mots couverts le juge Thiel (voir document annexe). Il ne l'estime pas assez pugnace dans sa façon d'appréhender le dossier de Pietrosella. Malheureusement, ce document à diffusion restreinte et à usage interne uniquement, sera intercepté par le commissaire de police basé dans les locaux de la gendarmerie rue Saint-Didier. L'officier de liaison, dont la loyauté à l'égard de la gendarmerie n'est pas des plus parfaites, en transmettra immédiatement une copie à Roger Marion qui se fera un plaisir de le communiquer au magistrat. Furieux d'avoir été critiqué par cette note interne, Gilbert Thiel nous dessaisira brutalement de l'affaire à la mi-décembre. Je reste aujourd'hui convaincu que notre mise à l'écart n'était pas due à cette seule maladresse. Cette quarantaine était inéluctable. La gendarmerie ne pouvait pas, ne devait pas être à l'origine de la résolution de l'assassinat du préfet Érignac au travers de la réussite de l'affaire de l'attentat de la brigade de Pietrosella. Alors la gendarmerie a été écartée.

VII

TOILE D'ARAIGNÉE ET LUTTE DES CLASSES

Bref retour en juin. J'ai compris dès ma prise de fonction à la légion de gendarmerie qu'il convenait d'opérer de profonds changements dans la manière de travailler. Le préfet de région venait d'être assassiné. Nous avions la mission sacrée de tout mettre en œuvre pour que la Corse retrouve sa sérénité. Aussi, me suis-je très vite rendu dans les sept compagnies de gendarmerie basées sur l'île pour motiver les commandants de brigade, les assurer que désormais aucune entrave ne serait faite à l'action de la gendarmerie et qu'il n'y avait qu'une seule ligne de conduite. Ici, au pays de la vendetta, la gendarmerie vit dans une sorte de fébrilité savamment entretenue par les groupes nationalistes. Ainsi, je suis profondément choqué lorsque, arrivé à la caserne Battesti, je découvre le portail d'entrée de notre gendarmerie criblé de rafales d'arme automatique. Une grande tradition locale. Depuis des années maintenant, des commandos du FLNC, ou d'autres mouvements paramilitaires nationalistes, se sont fait une spécialité de passer de nuit à bord de voitures, souvent volées, devant les casernes de gendarmerie pour en mitrailler les façades. Preuve de leur totale impunité, c'est une façon pour eux de démontrer leur omniprésence sur un terrain qu'ils contrôlent parfaitement.

Devenu monnaie courante, ce genre d'intimidation

a fait des émules. Se sentant protégés par une sorte d'immunité venue d'on ne sait où, de jeunes Corses désœuvrés, et pas forcément liés aux nationalistes, ont érigé cette pratique au niveau de sport national.

J'imagine la fierté de ceux qui ont fait ça passant aujourd'hui, arrogants, devant nos installations, riant d'un air narquois. Compte tenu de la mission de reprise en main qui m'a été confiée, il est désormais indispensable de mettre un terme à ce genre d'amusement. Je ferai immédiatement reboucher et repeindre ces trous. Plus question de nous laisser intimider. Il faut exorciser le passé.

Mais les menaces se font, parfois, beaucoup plus précises. Le 13 juin, je reçois une lettre à mon adresse personnelle. À l'intérieur, une feuille sur laquelle on a dessiné un cercueil et une croix à côté de mon nom tracé en lettres majuscules. Bien sûr, l'écrit est anonyme. C'est la première fois de toute ma carrière que l'on essaye de m'atteindre de la sorte. Un procédé que je n'ose même pas qualifier. Le ton est donné. Je détruirai immédiatement ce courrier pour conjurer le sort. Cela n'empêchera pas une seconde lettre du même tonneau de parvenir à mon domicile un mois après... je vivrai donc seul, je veux préserver ma famille, je me sentirai plus à l'aise et plus disponible pour mon travail. C'est ainsi que Danièle restera à Paris avec les filles.

En ce début d'été, le groupe de pelotons de sécurité n'existe que sur le papier. Durant les semaines précédentes il a été convenu en haut lieu qu'une nouvelle unité adaptée aux missions propres à la Corse devait être créée et mise en place le plus rapidement possible. Elle viendra se substituer à l'escadron de gendarmerie basé à la caserne Battesti, dont les meilleurs éléments seront récupérés pour être intégrés au sein du futur GPS et sera composée de près de soixante-dix gendarmes triés sur le volet et répartis en trois pelotons : un peloton d'intervention dirigé par le lieutenant Tavernier, un peloton protection placé sous la responsabilité du lieutenant Pesse et un peloton renseignement/observation dirigé par le lieutenant Dumont. L'ensemble du GPS sera commandé par le capitaine Norbert Ambrosse (voir document en annexe). Cette nouvelle unité devra être opérationnelle à partir du 1er septembre. Nous avons donc à peine trois mois pour tout mettre en place (dissolution de l'escadron, recrutement des futurs gendarmes du GPS, redéfinition des missions, etc.). Pendant tout l'été donc, notre légion de gendarmerie va connaître un profond chamboulement d'autant que la SR va simultanément voir ses effectifs croître afin de pouvoir faire face aux enquêtes tant financières que criminelles qui lui seront confiées.

Pour moi, ces nombreuses restructurations seront d'autant plus difficiles à installer que mon travail ne s'arrête pas là. Réunions quotidiennes avec le préfet, préparations des journées de Corte, sans bien sûr l'appui du GPS puisqu'en cette période il n'a pas encore vu le jour, réorganisation d'autres unités, rapports avec ma hiérarchie... Je vais donc demander à mon adjoint, le lieutenant-colonel Cavallier, de me seconder pour participer à la mise en place du GPS. Un travail normal puisque cet officier est particulièrement attiré par l'aspect opérationnel des missions.

Comprenant immédiatement l'intérêt de ces gendarmes d'élite dépendant directement de la légion de gendarmerie et disposant d'une large confiance de notre direction générale, l'officier va dans un premier temps tout tenter pour modeler le GPS à son image. Son but : tisser progressivement une toile d'araignée autour de moi afin de tirer les ficelles et de diriger dans l'ombre.

Ainsi, c'est lui qui dans un premier temps va piloter le choix des hommes sur les huit cent cinquante candidatures qui ont fait suite à l'ouverture des postes. Cavallier ne les sélectionnera pas uniquement en fonction de critères objectifs qui auraient permis un recrutement sur l'ensemble des légions réparties en France mais en tenant compte essentiellement des relations qu'il entretient avec certains candidats rencontrés au cours de ses commandements antérieurs. Je m'en aperçois alors que la liste des heureux élus est prête à partir. Je ne suis absolument pas d'accord avec ce type de procédé. Ces méthodes, qui sont du favoritisme, risquent d'engendrer des réclamations de la part de candidats non retenus alors qu'ils réunissent les conditions requises. Cerise sur le gâteau, j'apprends par ma direction générale que cette liste partiale arrêtée par Cavallier et que je n'ai pas validée, a « fuité » par l'entremise d'un des fidèles de l'officier, un gendarme qui assure sa sécurité lors de ses déplacements.

Le jour de ma communion solennelle (printemps 1960), je pose avec ma famille devant la brigade de gendarmerie de Lectoure, dans le Gers. Juste derrière moi, mon père, Jean Mazères, commandant de l'unité. © DR.

Ma prise de commandement à la caserne Battesti, le 2 juin 1998. Derrière moi, le préfet Bonnet. À l'extrême droite de la photo, mon chef d'état-major, le lieutenant-colonel Cavallier. © DR.

Dépôt de gerbe au monument aux morts de la gendarmerie lors de mon investiture. © DR.

Présidence par Bernard Prevost (en costume et cravate) de la réunion des présidents des sous-officiers de Corse-du-Sud, le 6 janvier 1998, dans la salle d'honneur de l'état-major de la légion. À gauche de la photo, Bertrand Cavallier. © DR.

Visite de Jean-Pierre Chevènement en Corse le 15 janvier 1999. Au deuxième plan à gauche du ministre de l'Intérieur, Gérard Pardini, directeur de cabinet de Bernard Bonnet. Derrière le préfet, Francis Spitzer, préfet adjoint pour la sécurité. © Sygma.

Départ en mission à bord de l'Alouette 3 de la légion de gendarmerie de Corse, réservée, en priorité, au secours en montagne. C'est avec un hélicoptère que nous mènerons à bien une mission de renseignement difficile lors des journées nationalistes de Corte. © DR.

9 avril. Un groupe du GPS a été obligé d'intervenir pour sortir manu militari M. Gaggioli, propriétaire d'une paillote, enfermé avec sa famille à l'intérieur de l'établissement. Le génie militaire avait pour mission de raser le baraquement de planches. © Sygma.

Mission accomplie. La paillote « Chez Francis » a été totalement détruite par le GPS dans la nuit du 19 au 20 avril 1999. Pour éviter toute explosion, les membres du commando ont pris la précaution de faire fuser les bonbonnes de gaz. © Sygma.

Reconstruction de la paillote incendiée par le GPS. Francis Féraud n'a pas perdu de temps pour être fin prêt pour la période estivale. © AFP.

Le dimanche 25 avril, avant mon départ pour Paris, j'assiste à la cérémonie commémorant la libération de la Corse. En arrière-plan, le lieutenant-colonel Burstert, commandant le groupement de la Corse-du-Sud. © Sygma.

Retour à la prison de la Santé, le 28 juin 1999, après ma confrontation avec Bernard Bonnet et Gérard Pardini. Je serai libéré le lendemain.

© Sipa.

Les anciennes cours du quartier de haute-sécurité dans lesquelles les détenus de la 3e division, dont je fais partie, vont en promenade. © O. Aubert.

Un des couloirs de la Santé, que j'ai empruntés durant plus de deux mois. © O. Aubert.

Pressé de bien faire, ce sous-officier n'a pas hésité à fournir les noms et les adresses de certains futurs membres du GPS à un déménageur ami. Ce dernier, pour être retenu, leur a immédiatement proposé ses services en les félicitant. Colère froide de ma part. Cette faute professionnelle entraînera le déclenchement d'une enquête administrative, toujours en cours, confiée à l'inspection technique.

C'est dans ce contexte que je modifierai, après étude de tous les dossiers par le chef du bureau du personnel et le lieutenant Dumont, la liste des nouveaux candidats retenus qui dès lors proviendront équitablement de l'ensemble des légions. Mais qu'à cela ne tienne. Cavallier va poursuivre son travail de sape.

Septembre. Le GPS voit enfin le jour et montre vite son efficacité sur le terrain : arrestation de malfaiteurs, protection efficace des personnalités, nombreuses missions de renseignement. Pourtant, au sein de la caserne Battesti l'ambiance n'est pas bonne. Des jalousies commencent à poindre. La plupart des gendarmes de l'état-major, extérieurs au GPS, ressentent mal l'arrivée de cette nouvelle unité plutôt chouchoutée et particulièrement autonome. Une autonomie qui aux yeux de certains a été acquise au détriment de celle des autres unités. Les anecdotes sont nombreuses. Elles peuvent paraître dérisoires mais mon expérience m'a montré que c'est par l'accumulation des minuscules contrariétés de la vie quotidienne que, tel un volcan en ébullition, les tensions s'accumulent jusqu'à une gigantesque irruption. Un exemple.

Briguant le poste de président du club sportif, Bertrand Cavallier souhaitait faire prendre possession de la salle de musculation de la caserne par le GPS. Rattachée jusqu'alors au cercle mixte qui en avait financé les équipements, cette salle était depuis toujours laissée à la disposition de l'ensemble des personnels en poste y compris le GPS. Il n'y avait donc pas lieu d'en modifier l'appartenance. Pourtant, petit à petit, le GPS va remettre à neuf ces installations et se les approprier avec la bénédiction de Cavallier, mettant le président du cercle mixte devant le fait accompli. Ce genre d'erreur ne fera qu'accroître au fil des mois le sentiment d'injustice des personnels de la légion vis-à-vis du GPS. D'ailleurs, afin de rétablir un certain équilibre et de bannir la « lutte des classes » qui était en train de se mettre en place, je déciderai de faire participer épisodiquement le GPS à ce qu'il considérera comme une « corvée avilissante » le service du poste de sécurité de la caserne (voir document annexe). Une décision qui me sera reprochée par la suite par nos nouveaux gendarmes d'élite.

Mais la tension continue de monter. Nous sommes en novembre. Plus que jamais, le lieutenant-colonel Cavallier cherche à établir des liens étroits avec le GPS. Affichant clairement sa volonté de me tenir à l'écart, il rencontre régulièrement les officiers, prend des décisions avec eux sans m'en faire part et tente tout particulièrement de tisser des liens avec le capitaine Norbert Ambrosse. Il tente d'ailleurs les mêmes manœuvres avec notre section de recherches, autre entité très pointue, spécialisée dans les enquêtes difficiles. Son entrisme au sein de la SR irritera à tel point le responsable de cette unité que ce dernier lui fera comprendre qu'il n'a de comptes à rendre qu'à son commandant de légion et pas au chef d'état-major.

Quand il est enfermé dans son bureau, Cavallier reçoit beaucoup et continue à jouer les électrons libres. Je sens qu'il bâcle son travail de base et ne me seconde pas avec loyauté. Il ne sélectionne quasiment jamais les dépêches urgentes, me livre tout en vrac, et se désintéresse du courrier au départ, me laissant le plus souvent le soin de le corriger. Norbert Ambrosse lui rend visite presque quotidiennement. Au bout d'un moment, lassé par ce manège, je ferai remarquer au capitaine qu'il n'est pas raisonnable de le voir si souvent dans les couloirs de l'état-major de la légion alors que son rôle est au sein de son unité.

Décembre 1998. Alors que tout a déjà été décidé avec la bienveillance de Cavallier, Ambrosse m'annonce qu'il vient d'organiser un stage de sport de combat pour l'ensemble du GPS. Ce stage doit être piloté par deux amis civils de l'adjudant-chef Moulié, rencontrés lorsque ce dernier servait au GIGN. Le capitaine me met alors devant le fait accompli en me demandant de financer sur le budget de la légion l'hébergement et la nourriture des deux intervenants parisiens. Étonné par la procédure qui néglige les mesures élémentaires de sécurité et d'assurance à prendre en cas d'accident, je demande à Ambrosse d'officialiser la participation des deux intervenants par une correspondance. Rien ne sera fait.

Une semaine après, alors que le stage doit débuter trois jours plus tard, j'apprends que sont aussi conviés des amis militaires du 2e REP membres des CRAPS (Commandos de recherche et d'action en profondeur) sans invitation officielle et sans ordres de mission. Il me faudra corriger cette nouvelle faute immédiatement en rédigeant personnellement un courrier au patron de la légion étrangère, envoyé par fax étant donné l'urgence.

Le premier jour du stage, le capitaine Ambrosse n'aura pas la présence d'esprit ni la correction de me présenter les deux intervenants extérieurs. Je découvrirai par ailleurs que vers la fin du séjour, Cavallier a été invité à un « déjeuner amélioré » auquel participent les officiers du GPS et ces deux professeurs. Une démarche que je jugerai indélicate. Je dirai plus tard au lieutenant-colonel que sa participation au repas m'a déplu au plus haut degré et m'a même paru indécente. Encore une fois, Bertrand Cavallier néglige la mission pour laquelle il a été nommé. Plutôt que de m'aider dans la gestion administrative dont il est normalement censé s'occuper, il passe trop de temps à des activités qui n'ont rien à voir avec ses prérogatives. Pour moi, cela ne fait désormais aucun doute : mon chef d'état-major joue un double jeu et tente de monter les membres du GPS contre moi.

Au même titre qu'il tente de tisser sa toile autour du GPS, Cavallier agit de façon identique – je l'ai déjà rapidement évoqué – avec la section de recherches. Vers le début de l'hiver, je suis étonné par les nombreuses fuites qui paraissent dans la presse au sujet notamment de l'affaire du RMI (revenu minimum d'insertion) et de l'éventuelle implication de José Rossi dans ce dossier. Le député et président de l'Assemblée territoriale est soupçonné d'avoir détourné des fonds destinés à l'insertion des jeunes dans le tissu économique vers des clubs sportifs. C'est le lieutenant-colonel Michel Gotab, patron de la SR, qui est chargé de cette délicate enquête. À deux reprises, le procureur général d'Ajaccio me fera comprendre qu'il trouve tout à fait anormal que des paragraphes entiers de procès-verbaux de synthèse concernant cette affaire paraissent dans les journaux.

Très vite, Michel Gotab va me démontrer que seul l'un de ses enquêteurs est susceptible d'avoir failli à son devoir de réserve. En fait, le lieutenant-colonel Cavallier entretient au sein de la SR un contact privilégié avec un adjudant-chef. C'est ce gradé qui a rédigé le PV de synthèse repris plus tard *in extenso* par les journalistes. Or, ce document, avant d'être envoyé au magistrat, a été relu personnellement par Michel Gotab qui l'a corrigé en plusieurs points. Mais c'est la version du sous-officier que l'on a retrouvée dans les gazettes. Cavallier n'y est pas étranger.

VIII

CHÉRI DU ROI

Les réunions du soir du corps préfectoral présidées par Bernard Bonnet se terminent tard. Souvent, ce dernier me demande de revenir le voir après le passage de ses collaborateurs. Seul, Gérard Pardini reste. Lorsque je prends congé du préfet, il est plus de vingt-trois heures. Son directeur de cabinet me propose parfois d'aller manger au Cabanon bleu, l'un des rares restaurants ouvert la nuit à Ajaccio. J'accepte d'autant plus volontiers qu'avec la vie plutôt solitaire que je mène sur l'île, j'ai rarement le temps de faire des courses. Mon réfrigérateur est presque constamment vide.

Ces dîners tardifs sont des moments de détente trop rares. Installés dans un recoin tranquille face à la baie d'Ajaccio, surveillés par une équipe de sécurité, nous mettons un point d'honneur à parler de tout autre chose que des dossiers corses. Systématiquement, lorsque Gérard Pardini retourne ensuite à la préfecture pour rejoindre ses appartements, contigus à ceux de Bernard Bonnet, il trouve le préfet derrière son bureau travaillant avec le même acharnement que dans la journée. Depuis son arrivée sur l'île, le préfet est concentré, dopé par l'ampleur des tâches qui lui ont été confiées. Un rythme d'action soutenu, la fatigue, rien ne semble avoir de prise sur lui. J'ai l'impression que cet homme ne dort jamais.

Il n'est pas loin d'une heure du matin lorsque je franchis enfin le lourd portail en acier de la caserne Battesti. Complètement vidé, je passe rapidement sous la douche avant de me mettre au lit. C'est en général à ce moment-là que mon téléphone GSM sonne. Le préfet, encore le préfet. Je suis à la fois agacé et flatté de ses appels nocturnes. Il me fait une entière confiance et tisse entre nous des liens qu'il veut bien plus forts qu'une simple relation de travail. Sur un ton de reproche amical, le préfet m'expose alors que son bras droit vient de lui annoncer que nous avons cassé la croûte ensemble. Il me demande d'une voix gentiment ironique si j'en ai profité pour décompresser un peu. Je comprends à sa façon de parler qu'il aurait bien aimé partager avec nous, un peu comme un copain, notre repas rapide à la terrasse de cette gargote discrète, face à la mer. La nuit sera courte. Levé à 6 heures, café soluble eau bouillante, et cap sur mon lieu de travail pour prendre connaissance des télex tombés dans la nuit et terminer de signer le courrier de la veille. 7 h 30. Première réunion quotidienne et systématique avec mon chef du bureau renseignement et le patron de la section de recherches. Il s'agit de faire le bilan sur ma réunion de la veille au soir chez le préfet mais aussi le point sur la progression de nos dossiers et sur les actions à mener dans la journée. Dès huit heures, le préfet me téléphone à mon bureau. Son entrée en matière commence par un sempiternel : « Ah, mon colonel, que s'est-il passé cette nuit et quoi de neuf aujourd'hui ? » Nous nous téléphonerons ensuite quatre ou cinq fois dans la journée avant de nous retrouver pour notre réunion quotidienne. Un soir que nous serons tous les deux en tête à tête, avant que Gérard Pardini ne fasse son apparition, Bernard Bonnet me prendra par le bras et me conviera dans son salon. L'air plus préoccupé que mystérieux, il me servira un pur malt en m'annonçant d'un air grave qu'il doit m'entretenir d'une question qui lui pose problème depuis sa prise de fonction en Corse. Lors de son premier passage sur l'île, en 1992, alors qu'il occupait le poste de préfet adjoint pour la sécurité il me dit avoir été mis en cause dans une affaire de mœurs. Il m'assure n'être impliqué en rien dans cette histoire, mais tient à me mettre au courant des faits car il craint qu'à tout moment la presse, téléguidée par la police, ne s'en empare, ce qui pourrait le déstabiliser pour mener à bien la mission que lui a confiée le gouvernement en Corse. Nous sommes en février, dans une période où tous les faux pas du préfet sont observés : Bernard Bonnet est en plein bras de fer avec les transporteurs de fonds nationalistes. Il n'est par ailleurs pas beaucoup apprécié de la police, en laquelle il n'a guère confiance. Je vais rapidement comprendre les véritables raisons de cette défiance.

Un soir de 1993, à Ajaccio, Police-Secours intervient pour un différend conjugal. Dans un banal rapport, qui sera par la suite évoqué dans la presse, les policiers consignent les déclarations d'un certain Francis P. Un mari soupçonneux. L'homme explique que rien ne va plus avec sa femme, Fabienne, depuis un peu plus d'un an. Selon lui, lors du premier séjour de Bernard Bonnet en Corse en 1991 – avant sa nomination à Paris à la tête d'une direction de la direction générale de la police nationale –, un grave incident d'ordre privé a opposé sa femme à son employeur, dans la résidence préfectorale, au bout de la route des Sanguinaires.

Lorsque Francis P. constate que sa femme traverse une grave dépression, il demande des comptes aux autorités préfectorales. Il se rend même au ministère de l'Intérieur pour réclamer une enquête. En vain.

Perpignan, mai 1994. Après son premier passage en Corse comme préfet de police chargé de la sécurité, Bernard Bonnet occupe le poste de préfet dans les Pyrénées-Orientales. Il a pris ses fonctions dans la région depuis juin 1993. Son directeur de cabinet est Gérard Pardini. À cette époque, l'affaire du mari jaloux est encore fraîche. Un après-midi, le bras droit du préfet reçoit un appel en provenance de l'accueil. Un homme se nommant Francis P., très excité, menace de faire un scandale public s'il ne rencontre pas dans les plus brefs délais Bernard Bonnet. Gérard Pardini se rend dans le bureau du préfet afin de lui exposer la situation. Embarrassé, ce dernier lui demande d'évaluer l'état psychologique de Francis P. Dans un premier temps Gérard Pardini téléphone au cabinet du préfet de police d'Ajaccio afin d'obtenir quelques renseignements. On le rassure, l'individu en question n'a rien d'une personne dangereuse. Gérard Pardini en réfère à Bernard Bonnet qui lui demande de le recevoir. Après quelques minutes de conversation, Pardini comprend qu'il a en face de lui un mari bafoué, profondément abattu par l'histoire que sa femme semble lui avoir servie avec le préfet Bonnet. Afin de couper court à cette affaire, le directeur de cabinet insiste auprès du préfet pour qu'il reçoive Francis P. Bernard Bonnet accepte. Les deux hommes auront en privé une courte explication d'homme à homme. Satisfait, le mari jaloux quittera la préfecture sans faire de scandale.

Finalement, Francis et Fabienne P. qui travaillaient encore à la préfecture de police d'Ajaccio seront mutés sur le continent. Quant au fameux compte rendu, il disparaît des mémoires informatiques de l'hôtel de police d'Ajaccio.

Voilà. Nous sommes maintenant en 1998. Bernard Bonnet est revenu dans l'île comme préfet de région. Ce mystérieux « dossier noir » est devenu une bombe... Le préfet se méfie de la police. Bernard Bonnet ne fait plus confiance qu'aux gendarmes et à son directeur de cabinet. Lorsqu'il me fera ces confidences, je lui demanderai s'il est réellement envisageable que les journalistes soient au courant de cette sulfureuse affaire. Bernard Bonnet éludera ma question. Je comprendrai qu'il avait juste besoin d'évoquer ce point délicat avec moi. J'apprendrai peu après qu'un mystérieux cambriolage a eu lieu un dimanche d'octobre 1998 dans les locaux de la direction générale de l'administration (DGA), place Beauvau à Paris. Ce jour-là, les vigiles chargés de la sécurité des locaux découvrent des traces d'effraction dans la salle des archives. Seule une armoire métallique semble avoir été ouverte, celle contenant le dossier de Bernard Bonnet. La police y prélève une empreinte suspecte. À la grande stupeur, c'est celle d'un préfet chargé de mission à la DGA et seul fonctionnaire en poste ce jour-là à avoir refusé de donner ses empreintes digitales aux enquêteurs.

Proche du RPR et plus particulièrement de Robert Pandraud qui l'a nommé préfet, il a acquis ses lettres de noblesses aux Invalides comme conseiller spécial auprès du SGDN, le Secrétariat général de la défense nationale. Un service chargé notamment de suivre les activités de renseignements et de vente d'armes.

Le malencontreux épisode du dossier Bonnet mettra un sérieux bémol à sa carrière. L'affaire sera étouffée. On ne saura sans doute jamais si le fonctionnaire était venu rajouter une pièce compromettante ou en retirer une.

Lors d'un passage de mon épouse sur l'île j'évoquerai rapidement l'état de mes relations avec le préfet. Pour elle, son opinion est déjà faite. Heurtée par la dureté avec laquelle il traite sa femme, elle le considère comme un macho égocentrique. Danièle, mon épouse, et Christiane Bonnet ont beaucoup sympathisé depuis qu'elles ont fait connaissance. Début juillet, Danièle viendra passer quinze jours de vacances avec moi. Je serai malheureusement la plupart du temps accaparé par mon travail et par le préfet. Je suis en pleine préparation des journées nationalistes de Corte. Je ne peux m'occuper d'elle comme je l'aurais souhaité. Madame Bonnet se chargera de chaperonner Danièle. Elles iront au cinéma, feront plusieurs excursions. Plus tard, lors de certains de ses passages à Paris, madame Bonnet téléphonera à Danièle pour lui proposer de se retrouver, et de passer une soirée au théâtre.

Il est clair qu'entre nos deux épouses le courant est passé. Cette fraternité de femmes, l'une supportant difficilement de voir l'autre traitée avec si peu d'égards par un mari obnubilé par l'image qu'il projette, les a sans aucun doute rapprochées. Mais à l'époque je suis loin de me rendre compte de tout cela. Pour moi, le préfet reste avant tout un homme d'un charisme extraordinaire. Séducteur, certes, vis-à-vis des femmes, il a su aussi me séduire. Au fil des semaines, j'apprécie de plus en plus le climat de franchise dans lequel nous travaillons et je suis fier de la confiance qu'il me porte. Il m'appelle toujours « mon colonel », je lui donne du « Monsieur le préfet », mais entre nous le respect mutuel s'est teinté d'une sorte d'amitié complice. Sûrement suis-je aussi impressionné par ses facilités et son sens inné du pouvoir. Il traite très souvent directement avec Olivier Schrameck, Alain Christnacht et Clotilde Walter, membres du cabinet du Premier ministre. De nombreux ministres lui ont rendu visite en lui manifestant leur confiance et leurs encouragements : Élisabeth Guigou, Jean-Jack Queyranne, Jean-Pierre Chevènement sitôt achevée sa convalescence, Jean Glavany. L'homme sait se faire respecter et obtenir ce qu'il veut. Le préfet adjoint à la sécurité est à ses ordres tout comme le secrétaire général aux affaires corses et le secrétaire général de la préfecture. Il est parfois très cassant lors des réunions qu'il préside. C'est ainsi qu'un jour, en ma présence, au cours d'un briefing avec les chefs de services de la police, il demandera à Matignon le départ immédiat et sans préavis d'un fonctionnaire de la direction départementale de l'équipement qui aurait tenu des propos désobligeants sur sa politique d'urbanisme.

Avec moi, les choses sont différentes. J'ai un peu l'impression d'être l'homme lige et le chéri du roi dans un monde hostile à un souverain isolé. Un souverain, c'est le mot. Parfois le dimanche à l'heure du déjeuner, après notre promenade sportive, Bernard Bonnet m'invitera au « Week-End », un excellent restaurant de poissons à la sortie d'Ajaccio. Le préfet apprécie cet endroit dont il connaît bien le patron, Jean, un Corse républicain. Il aime s'adresser à lui pour prendre connaissance des derniers potins, de la température, connaître la façon dont les clients appréhendent sa politique sur l'île. À plusieurs reprises, nous croiserons les regards de deux femmes de quarante-cinq ans environ. Elles nous observent discrètement ; nous faisons mine de ne pas nous en rendre compte bien évidemment. Un dimanche, Jean nous glissera à l'oreille que ces clientes lui demandent systématiquement de leur réserver une table à côté de celle du préfet. Bernard Bonnet a même ses courtisanes.

IX

LA SCOUMOUNE

Ces moments privilégiés sont de courte durée. Le travail, toujours le travail. Outre les affaires d'élus véreux, de nationalistes à surveiller et de détournements de fonds divers et variés, le préfet, alerté par les professionnels du tourisme, s'intéresse de près au petit commerce des bateliers qui sévissent dans l'extrême sud de la Corse.

Le 10 novembre 1998, le lieutenant-colonel Burstert, commandant le groupement de la Corse-du-Sud, me demande le concours du GPS pour surveiller une barge amarrée près de Bonifacio. Cette péniche assure la desserte en ravitaillement de l'île de Cavallo, un coin de paradis pour milliardaires, situé à quelques milles de la côte. Deux familles du cru se partagent le juteux approvisionnement du petit archipel et se livrent une farouche concurrence pour en avoir le monopole. Des écoutes judiciaires effectuées depuis plusieurs semaines laissent clairement entrevoir aux enquêteurs que la barge utilisée par l'une des deux familles pourrait être la cible d'un attentat durant la nuit. Nous décidons que le GPS tendra une souricière sur cette embarcation afin d'effectuer un flagrant délit.

Dans un premier temps, le capitaine Ambrosse et le lieutenant Tavernier se rendent personnellement sur place afin d'évaluer la mission et de soigneusement repérer les lieux. La barge en question est amarrée à moins de cent mètres de la plage, elle-même située dans un secteur plutôt tranquille et relativement facile à surveiller. Équipé de lunettes de vision nocturne, un groupe du GPS restera en observation de nuit aux alentours de la plage afin de pouvoir intercepter d'éventuels poseurs de bombes venus de terre pour effectuer leur sabotage. Un autre groupe organisera un comité d'accueil depuis la barge, au cas où le commando terroriste arriverait directement en bateau depuis un endroit indéterminé.

La planque commence, elle va se prolonger plus longtemps que prévu initialement, dans des conditions souvent difficiles. Il fait froid, chaque mission s'étale de vingt-deux heures à cinq heures du matin. J'apprendrai bien plus tard que, dans un premier temps, l'équipe chargée de la surveillance sur la barge flottante se rend sur l'objectif à la nage. Équipés de combinaisons et de palmes, ils transportent avec eux leur armement et leur système d'observation dans des sacs étanches. Une fois à bord, l'attente dure des heures pour les hommes du GPS engoncés et frigorifiés. Sans voir se profiler dans l'ombre la silhouette du gibier qu'ils guettent.

Fatigués, ils finissent par voir leurs espoirs s'amenuiser. Pour éviter de se mettre à l'eau ils « empruntent » dans un deuxième temps une petite barque sans moteur laissée en permanence sur la plage par un pêcheur. C'est le lieutenant Tavernier qui se charge d'emmener ses hommes sur la barge et de les récupérer vers 5 heures.

Voilà de nombreux jours que les hommes planquent

en vain dans le secteur. Toujours rien. Nous sommes le 18 novembre, il est 22 h 30, lorsque le lieutenant-colonel Burstert appelle sur mon portable. Il me rend compte qu'une tuile vient d'arriver. Après avoir déposé ses hommes sur la barge, le lieutenant Tavernier a été surpris par des bourrasques alors qu'il rejoignait seul la plage pour ramener la barque. Les vents soufflent vers la haute mer. Il fait nuit, la coque de noix dérive au large et disparaît dans le noir, hors de portée des lunettes à vision nocturne. Il nous faut immédiatement réagir. Le secteur est truffé de récifs et de hauts fonds qui sont autant de pièges pour une embarcation aussi légère. J'apprends avec surprise que le lieutenant ne disposait d'aucun équipement de sécurité. Moins d'un quart d'heure plus tard, le CROSSMED de Toulon est alerté et les secours en mer sont déclenchés. Un hélicoptère de la base aérienne de Solenzara, qui participe à l'opération, sillonne la zone en rasant les vagues à la recherche de Tavernier. Dans un ultime réflexe de survie, après plus de quarante-cinq minutes de dérive, l'officier a eu le temps de sauter de sa barque et de s'agripper à un récif avant que son frêle esquif ne se fracasse contre les rochers. Par miracle, le projecteur de l'hélicoptère repérera le naufragé. Hospitalisé quelques heures en raison de son état d'hypothermie, Tavernier s'en tirera fort bien et sera dans mon bureau dès le lendemain.

Il était moins une. Un homme a failli perdre la vie dans une mission que j'estime avoir été mal préparée. Il est vrai que je ne l'ai pas suivie et contrôlée personnellement. Le capital confiance que j'avais accordé au capitaine Ambrosse et à son unité est sérieusement émoussé. Pourquoi ne pas avoir utilisé un zodiac de la gendarmerie que l'on dissimule le jour plutôt que de prendre l'initiative d'emprunter une embarcation sur la plage, faisant fi de surcroît des règles les plus élémentaires de sécurité ? Je suis furieux contre Ambrosse et Tavernier qui, selon moi, n'ont pas été à la hauteur de leurs responsabilités. Je ne pourrai tolérer que pour des missions aussi délicates, l'approximation et le système D aient prévalu sur leur sécurité. Je marquerai ma désapprobation en notifiant une lettre d'observation à Ambrosse et Tavernier, leur reprochant de n'avoir pas respecté les précautions élémentaires pour mener à bien cette opération (voir document annexe). Ils me reprocheront par la suite ma fermeté. J'ai pourtant tout fait pour les préserver des foudres de la hiérarchie, pour que ce malheureux épisode soit étouffé, soit limité au périmètre de la légion et qu'il ne prenne pas des proportions préjudiciables à cette unité nouvellement créée. À aucun moment les services de secours et la presse n'ont été mis au courant du rôle qu'avait tenu le GPS dans cette affaire. Trois jours plus tard, un entrefilet dans un journal local ne fera état que d'une mission militaire d'entraînement qui s'est mal déroulée. Scoumoune, signe prémonitoire ? Aurai-je dû alors présager que ce « ratage » n'était que le prélude à une affaire d'une tout autre ampleur ? Quelques mois plus tard, le même lieutenant Tavernier oubliera sur le théâtre de l'opération paillotes, des indices matériels confondants qui feront capoter une intervention nocturne pourtant soigneusement mise au point.

Entre-temps, comme par malchance, le sort continuera à s'acharner sur le GPS. Vers la mi-février 1999, la section de recherche identifie et localise un certain Colombani considéré comme l'un des principaux organisateurs de l'évasion de deux dangereux détenus à la prison de Borgo. Pour mener à bien cette affaire, le lieutenant-colonel Gotab sollicite le concours du GPS que je lui accorde. L'interpellation a lieu le 26 février. Après une filature qui a démarré à Bastelicaccia la fourgonnette banalisée du GPS tente d'obliger la voiture de Colombani à se ranger sur le bas-côté. Un coup de volant, une embardée, les véhicules se percutent légèrement et vont terminer leur course contre une cabine téléphonique publique. Plus tard, à la lecture du message réglementaire concernant les dégâts, le général commandant de la circonscription s'étonnera de la manière dont s'est déroulée l'interpellation. Il mettra en garde le GPS en lui demandant que, dorénavant, sa façon d'opérer soit plus orthodoxe.

X

« IL FAUT BRÛLER DES PAILLOTES »

Au mois de février les journées sont souvent magnifiques en Corse. C'est l'époque où le maquis commence à se parer des couleurs du printemps. Les arbres bourgeonnent, la pureté d'une lumière pâle donne aux montagnes un caractère irréel. Depuis plusieurs semaines déjà, le préfet et moi avons pris nos habitudes. Presque chaque dimanche matin vers 8 h 30, je me fais déposer au palais Lantivy par deux de mes hommes. Confortablement calé dans le canapé de son salon, Bernard Bonnet, épluche *Le Journal du Dimanche* et *Corse Matin*. Il porte une tenue décontractée, la plupart du temps un survêtement bleu marine et un maillot de l'équipe de rugby de Perpignan. Le rugby, un sport que j'affectionne tout particulièrement d'abord par attachement à mon sud-ouest où c'est le sport roi, parce que je l'ai pratiqué au lycée, mais aussi parce que c'est un sport d'homme qui représente la quintessence de l'effort, de la générosité, de l'esprit d'équipe, de la volonté de vaincre.

Après la lecture des journaux, nous commentons rapidement les nouvelles du week-end. Souvent, le préfet se délecte des articles traitant de la politique et des affaires locales. Le *JDD*, distille fréquemment des informations qu'il a lui-même téléguidées, informations le plus souvent à son avantage et à celui de sa politique de rétablissement de l'État de droit. Ses contacts directs avec des journalistes parisiens sont en effet constants et il ne s'en cache pas.

Parfois des critiques l'égratignent au passage. De tempérament orgueilleux, l'homme ne les accepte pas toujours.

Sans prendre le temps d'avaler un café, nous partons pour notre promenade devenue traditionnelle. Direction la cour intérieure de la préfecture où nous attend son équipe de sécurité, composée de quatre hommes. Installés sur la banquette arrière d'une grosse 605 blindée, nous sommes suivis par un véhicule de sécurité qui colle en permanence à notre pare-choc. À cette heure matinale, peu de monde emprunte la route qui mène aux îles Sanguinaires. Elle semble nous appartenir. Nous ne nous lassons pas d'admirer le paysage. Une vue splendide plonge au détour des virages sur la mer et les récifs au large. Après un quart d'heure de trajet, notre escorte nous dépose au départ du chemin de douaniers conduisant à la plage de Capo di Fenu : 1,5 km environ de balade. De là, nous continuons à longer la côte sur de petits sentiers à travers les rochers et le maquis. Lorsque la forme est au rendez-vous, nous poussons jusqu'à une tour génoise à moitié démolie et comme abandonnée en pleine nature. De ce promontoire, il nous arrive d'apercevoir des dauphins. Le rythme est soutenu. Petites foulées alternées par des périodes de marche à pied en guise de récupération. Le préfet aime être le premier. Il tient une excellente condition physique et met un point d'honneur à me devancer. À bien des égards, il a des airs de grand gamin. Un jour, pourtant, alors que je m'apprêterai à arriver au sommet d'une côte avant lui, il préférera définitivement couper court à nos compétitions amicales plutôt que de s'avouer vaincu. Mieux vaut se défausser que de perdre la face... Telle est la philosophie du préfet.

Trois ou quatre heures de marche au total. Nous sommes souvent épuisés. Les chemins sont escarpés, caillouteux. Bien souvent, nous ne pouvons y progresser tous les deux de front. Pendant notre promenade, les deux véhicules repartent pour nous attendre à notre point d'arrivée. Alors que deux de nos anges gardiens – des fonctionnaires de l'UPPN (unité de protection de la police nationale) – nous encadrent. Nos excursions nous emmènent un peu partout dans le pays ajaccien. Mais, à 80 % du temps, elles se situent sur ce même axe : chemin des douaniers – Sanguinaires – Capo di Fenu. Un itinéraire proche de la ville qui a le mérite – outre ses paysages splendides – de nous épargner de longues heures de voiture, si fréquentes en Corse lorsque l'on se rend d'un endroit à l'autre.

C'est en général sur le chemin du retour, alors que nous reprenons notre souffle, que nous en profitons pour parler des affaires en cours : évolution de l'enquête sur le Crédit Agricole, sur le dossier José Rossi, renseignements d'ambiance concernant la perception de la politique menée par le préfet, conséquence des interventions de la DNAT. C'est lors de ces moments-là aussi que le préfet me fait part de son indignation face à la multitude de constructions illicites que nous croisons sans discontinuer lors de notre progression dans cette nature sauvage. Au bord de l'eau et dans le maquis, elles ont poussé comme des champignons sur un domaine qui appartient pourtant à la municipalité d'Ajaccio. Leur technique d'implantation répond à un scénario immuable. Prêtés au départ à des Ajacciens bénéficiaires de baux emphytéotiques, ces terrains ont été au fil du temps agrémentés qui d'une caravane, qui d'une petite cabane. Les bicoques se sont petit à petit agrandies. Les caravanes ont fini par laisser la place à une maison en dur, le plus souvent construite de bric et de broc et dans 90 % des cas illégale.

Nous arrivons enfin à la plage de Capo di Fenu, ultime étape de notre périple sportif. Sable blanc, eau turquoise, l'endroit est un havre de paix.

Une fois, nous nous montrerons infidèles à ce parcours devenu traditionnel. Déposés tôt le matin par l'hélicoptère de la gendarmerie en pleine nature au beau milieu du cap Corse, nous partirons une journée entière pour une grande randonnée : vingt-cinq kilomètres de marche accidentée depuis Macinaggio jusqu'à Centuri. Cette excursion reste l'un de mes meilleurs souvenirs avec le préfet. Je me souviens notamment de notre déjeuner, presque entre copains. Adossés à un arbre, nous partagerons le casse-croûte emporté dans des sacs à dos. Le préfet me tend sa gourde, je lui passe un morceau de saucisson. Nous devisons en mangeant d'un bon appétit. Ce jour-là, je le charrierai sur son pistolet dernier cri de marque Glock fourré dans son sac avec le pain et le fromage de brebis. L'arme en plastique, indétectable sous les portiques d'aéroport, est l'outil préféré des terroristes. Le préfet m'avoue qu'il sait à peine s'en servir.

Le site est vraiment magnifique. Plantées là comme deux verrues, deux paillotes défigurent le paysage. Le préfet reprend invariablement le même leitmotiv. Son jugement est sans appel : il faut les détruire. Chaque week-end, sa colère semble monter d'un cran.

Vers le 15 février, alors que nous évoquons pour la énième fois en crapahutant, la question de ces baraques, Bernard Bonnet explose : « J'en ai marre, je veux qu'on rase ces horreurs. C'est facile, il suffit d'y foutre le feu. Je vous en charge. »

À cette époque, le Génie a déjà pris du retard dans la destruction d'autres bâtiments illégaux, pressé par une date butoir au-delà de laquelle il ne peut continuer à travailler en Corse. Bernard Bonnet sait très bien que le programme officiel de démolitions, préparé par son secrétaire général et validé par ses soins, ne sera pas exécuté dans sa totalité.

Au menu de ces festivités : la démolition des paillotes de la plage d'Argent, deux paillotes de messieurs Carta et Gaggiolli, qui vont faire l'objet de l'opération avortée du 9 avril.

Restent ensuite celle de « Chez Francis » et deux ou trois paillotes plantées sur la plage de Palombaggia, du côté de Porto-Vecchio. Le préfet est convaincu que rien de tout cela ne sera réalisé. Pour lui, il est clair que le temps est trop court pour tout raser. Les unités du Génie venues en Corse doivent quitter l'île incessamment pour des missions prioritaires au Kosovo. Sa colère monte. D'autant plus que bien d'autres paillotes sauvages défigurent le paysage. Des paillotes d'autant plus arrogantes qu'elles ne figurent pas sur la liste.

L'exaspération du préfet est d'autant plus grande que nous nous sentons parfois impuissants face aux attentats, toujours très nombreux, qui frappent le plus souvent des établissements représentant l'administration d'État : DDE de Ghisonaccia, palais de justice de Sartène, centre des impôts, poste, de nombreuses gendarmeries...

Je reste aujourd'hui persuadé que l'équation est alors très claire dans l'esprit du préfet. Il se dit que si des paillotes sont détruites « accidentellement », une partie de la population insulaire applaudira des deux mains, ravie de voir enfin ces constructions hideuses disparaître, peu importe de quelle façon. Bernard Bonnet a toujours sur son bureau la liste des constructions illégales.

L'Aria Marina revient alors comme une obsession dans ses conversations. Construite sur les rochers du domaine public maritime, cette baraque de planche doit, selon lui, constituer notre première cible.

Cette obsession maintes fois exprimée de détruire coûte que coûte les paillotes ne me paraît pas justifiée, et se situe hors du champ de mes attributions. À chaque évocation je changerai de sujet, façon de résister. Puis, devant l'insistance du préfet, parfois très vive, de sa qualité, de sa légitimité, et compte tenu de la situation générale particulièrement grave, je douterai. Et si le préfet, dépositaire de l'autorité de l'État, avait raison ?

La décision tombe vers le 20 février lors de notre réunion quotidienne de 19 heures. Ce soir-là, Bonnet, Pardini et moi évoquons plusieurs dossiers en cours et notamment celui du Crédit Agricole. À la fin de l'entretien, le préfet évoque encore la question des paillotes. Il a pris sa décision qui ne souffrira pas la contestation : nous devons mettre le feu à Aria Marina dans les plus brefs délais... d'autres paillotes suivront. Bernard Bonnet s'appuie totalement sur Gérard Pardini, en qui il a une totale confiance. Le préfet a dû être impressionné par une période précise du parcours professionnel de son directeur de cabinet. Pendant environ deux ans, Gérard Pardini a travaillé comme analyste au secteur Afrique de la Direction générale de la Sécurité Extérieure, les services d'espionnage français. Pour Bernard Bonnet, cet homme qu'il considère peut-être un peu vite comme un spécialiste des missions secrètes, alors qu'il n'en a jamais accomplies, lui semble être le confident idéal de ses désirs. Nous travaillerons donc de concert.

Le surlendemain, Gérard Pardini me demande de le rejoindre à la préfecture pour que nous allions repérer les lieux. Nous nous y rendons tous les deux avec une voiture banalisée. Au passage, il fait un crochet dans une quincaillerie en gros située sur la route de l'aéroport pour acheter, pour quelques dizaines de francs, quatre bidons blancs de 5 litres chacun contenant du produit inflammable pour poêle à mazout.

Moins d'une demi-heure plus tard, nous voilà sur notre site de repérage. C'est par un petit escalier donnant sur un chemin de terre que l'on accède à la paillote d'Aria Marina, après avoir marché une cinquantaine de mètres sur la plage. La paillote en question n'est en fait qu'une vague estrade sur pilotis, hideuse... une véritable verrue qui défigure les rochers et le site. L'opération semble facile.

Le soir même de notre repérage, nous rendons compte au préfet. Très exalté par cette perspective d'action qui se dessine, il nous annonce qu'il compte bien nous accompagner. Pour Bernard Bonnet l'affaire est entendue. Il suffit selon lui de passer à côté de la paillote, de craquer une allumette, et de disparaître. Avec l'exaltation d'un enfant mêlée de la rudesse du chef, il déclare ce soir-là : « On va y aller et on va foutre le feu. »

Immédiatement, Pardini et moi le dissuadons de procéder de la sorte. Nous lui expliquons que cette opération, même si elle semble facile, mérite un minimum de préparation. Il faut s'organiser, rassembler du matériel. La participation du préfet n'est pas indispensable. Nous devons le protéger.

Après avoir fait la moue, Bernard Bonnet en convient : d'accord, il nous laissera agir seuls. Mais pas parce qu'il a peur. Simplement parce que pour lui, tout cela est tellement évident à réaliser que si l'on préfère y aller sans lui après tout, soit, il n'y en a de toute façon que pour cinq minutes.

Retour à Ajaccio et à notre quotidien. Les jours passent, d'autres événements, d'autres enquêtes vont mobiliser mon énergie. Pourtant, chaque soir, le préfet revient à la charge. Quand avons nous décidé d'incendier Aria Marina ? Nous sommes en pleine période électorale et décidons de concrétiser notre projet le soir du premier tour des élections territoriales, à un moment où compte tenu de l'effervescence générale, nous passerons beaucoup plus inaperçus.

7 mars. Premier tour des scrutins. Je suis à la préfecture, en tenue civile. Il y a énormément de monde qui déambule dans les salles de réception du palais Lantivy où sont comptabilisés les résultats. En liaison quasi permanente avec le ministère de l'Intérieur, le préfet annonce l'évolution de la situation au fur et à mesure que les résultats arrivent. Je participe à l'élaboration des synthèses. Vers 21 h 30, le calme revient peu à peu. Les résultats sont quasiment tous tombés. La majorité des analyses ont été faites, les commentaires envoyés place Beauvau ; le travail est terminé. Plus aucun coup de théâtre à attendre. Il ne reste guère que quelques communes dont on attend encore les résultats en sachant toutefois qu'ils ne changeront pas le cours des choses.

Alors que nous avions prévu d'aller incendier Aria Marina tard dans la soirée, nous décidons, Pardini et moi, d'avancer notre projet de quelques heures. Le moment est propice, les gens s'affairent encore de tous côtés, notre absence ne sera remarquée par personne. D'un signe de connivence Pardini et moi indiquons au préfet, alors en grande conversation avec des fonctionnaires de la préfecture, que nous sommes prêts à passer à l'action. Bernard Bonnet salue ses interlocuteurs, prend congé et nous indique la direction de son bureau. Là, il ouvre un tiroir, tend à Pardini son briquet super-chalumeau très particulier avec lequel il a l'habitude d'allumer ses cigares et déclare en riant qu'avec un « lance-flammes » de ce type la paillote ne pourra que bien brûler. La conversation ne dure que quelques secondes. Dans son « livre-vérité », Bernard Bonnet fournira une tout autre version des faits. Nous accusant d'avoir agi de notre propre initiative, il n'hésite pas à sous-entendre que nous aurions même pris dans le tiroir de son bureau, l'un des briquets lui appartenant. Un peu comme de vulgaires gamins qui auraient improvisé un mauvais coup à la dernière minute.

C'est bien pourtant sur son ordre que nous allons agir. Et, après ce passage éclair par son bureau, il ne nous faudra pas perdre une minute. Rapide détour par la chambre de Pardini. Il troque son costume pour une tenue plus décontractée, nous montons à bord d'une petite Clio banalisée rouge de la préfecture. Cap sur la légion de gendarmerie où je vais me changer à mon tour, en trois minutes. J'enfile un jean, des chaussures de sport et ma vieille veste en cuir.

Nous partons sur la route des Sanguinaires, garons la voiture légèrement décalée d'une cinquantaine de mètres par rapport à l'estrade. C'est là que démarre un petit chemin qui descend sur la plage. Ultimes vérifications de sécurité. L'endroit est calme. Personne. Nous prenons nos bidons, les vidons partout sur les planches et y mettons le feu avec le briquet du préfet. L'incendie démarre. Pas de temps à perdre. Nous quittons les lieux instantanément. L'opération a duré à peine un peu plus de cinq minutes.

Pardini me redépose rapidement à la légion pour que je remette mon costume. Retour ensuite à la préfecture, après un rapide passage dans sa chambre, située juste à côté des appartements privés du préfet. Pardini réendosse la tenue classique d'un directeur de cabinet et nous nous retrouvons comme si de rien n'était dans le bureau du préfet. Il s'est à peine écoulé une heure depuis qu'on l'a quitté. Notre mission est accomplie. Pardini lui rend son briquet. Bernard Bonnet est satisfait. Il nous avoue sa déception de ne pas avoir été avec nous. Cela l'ennuie de ne pas avoir pu participer à cette action tant souhaitée. Alors que nous bavardons, nous entendons la sirène du camion des pompiers.

La paillote s'est enflammée. On l'a vu. Mais, il n'y a rien sur la plate-forme. Pas de meubles, rien que des planches épaisses. Le liquide va brûler en superficie. Vraisemblablement prévenus par quelqu'un du voisinage, les sapeurs-pompiers arriveront très vite sur les lieux. On apprendra le lendemain que les dégâts n'ont pas été ceux que nous escomptions. À tel point que le préfet, déçu, nous demande d'y revenir pour achever notre tâche.

C'est la première fois dans ma carrière de gendarme que je réalise une opération de ce type. Nous avons, certes, agi dans l'effervescence et sous les ordres d'un préfet-gouverneur auquel il est difficile de dire non, et dans un contexte général de tension extrême.

Reste que le bilan de l'opération réalisée avec Gérard Pardini me laisse perplexe : nous avons pris des risques. Malgré une progression discrète et une observation minutieuse des lieux, rien ne dit que s'il y avait eu un couple d'amoureux niché dans les rochers proches, nous les aurions repérés. Lorsque quelques jours plus tard le préfet me dira de continuer, je lui ferai part de mes réticences. Il insistera. Et ne nous laissera pas d'autre alternative que celle de nous ranger à son avis. J'estime alors que s'il doit y avoir d'autres cibles, il sera indispensable de mettre en œuvre une véritable opération dont le succès ne pourra être obtenu que si elle s'appuie sur une équipe de cinq membres environ, qui déroulera le schéma suivant : observation minutieuse et prolongée, intervention, esquive, recueil...

XI

PRÉPARATIFS

Au lendemain du deuxième tour des élections territoriales, les résultats sont édifiants. Les listes nationalistes ont réalisé une réelle avancée dans le paysage politique local. Le préfet, lui, continue à rester sur une ligne dont il se fait un devoir de ne pas s'écarter : il est indispensable de mettre au point le plus rapidement possible l'opération sur laquelle nous sommes tombés d'accord. Bernard Bonnet est plus remonté que jamais. Pour lui, l'obligation d'intensifier les destructions de paillotes construites illégalement sur le domaine public maritime reste une croisade dont il ne démord pas.

Nous sommes le 15 mars. Les paillotiers prennent un malin plaisir à défier l'État. Interviewée quelque temps plus tôt dans l'émission *Envoyé spécial*, la femme de Francis Féraud a déclaré au sujet de son restaurant : « On sait que c'est illégal mais jamais on ne fera démolir. » Sans compter l'épisode Yves Bertrand, le directeur général des renseignements généraux, qui est intervenu auprès du préfet pour lui demander de reconsidérer avec une certaine bienveillance le cas de Féraud. Le préfet est furieux. « Chez Francis » est bien l'objectif prioritaire d'une série de paillotes qu'il faut détruire au plus tôt.

Le préfet et moi décidons après une longue concertation qu'une équipe du GPS sera chargée de détruire par le feu les cibles qu'il a sélectionnées. Il souhaite auparavant connaître la situation précise de la paillote « Chez Francis ». Dans un premier temps, comme de simples touristes en vacances, Gérard Pardini et moi irons faire un repérage sur les lieux à bord d'un véhicule banalisé de la préfecture. Nous tombons des nues. La distance d'abord. Par rapport à notre base de départ, l'endroit est situé à une quarantaine de kilomètres au sud d'Ajaccio. Soit une heure de route. Et, une fois sur place, nous ne pouvons que constater les difficultés liées au terrain et à un environnement hostile riche en caravanes et habitations. Plus rien à voir avec l'estrade facilement accessible d'Aria Marina. Le site est d'un abord difficile. Pour l'atteindre, notre voiture doit emprunter pendant dix bonnes minutes un chemin de terre raide et tortueux. L'opération s'avère délicate.

20 mars. Je convoque dans mon bureau le capitaine Ambrosse et lui annonce que je vais évoquer avec lui un sujet très important. Quelle que soit sa décision, je lui demande solennellement de garder le secret de notre conversation. Sitôt cette mise au point réglée, je fais part à l'officier de la mission que nous a confiée le préfet et de l'impossibilité pour moi de la remplir, compte tenu du mode opératoire prévu. Je précise au capitaine que c'est moi qui, quelques jours auparavant, ai incendié Aria Marina. L'officier reste de marbre. Dans ce vaste bureau que j'ai toujours voulu relativement dépouillé, avec peu d'objets personnels,

une carte marine de la Corse, une reproduction de mon insigne de promotion de Saint-Cyr, un sabre d'officier et bien sûr la photo officielle du président de la République et celle du ministre de la Défense, l'homme assis en face de moi ne laisse transparaître aucune émotion. Après quelques secondes de silence, Ambrosse lâche d'une voix déterminée que je n'aurai jamais dû me charger de la première opération. Il aurait été mieux à même de la réaliser avec ses hommes. Je retrouve dans ses paroles la même réaction que j'ai eue vis-à-vis du préfet : il n'avait pas à participer à l'opération Aria Marina. Sa réponse me satisfait au plus haut point. Je lui laisse le temps de la réflexion et lui demande de revenir me voir le lendemain pour que nous en reparlions.

Vingt-quatre heures plus tard, Ambrosse frappe à la porte de mon bureau. Il m'annonce qu'il a pris sa décision. Il agira avec ses trois officiers et l'adjudant-chef Moulié, ancien du GIGN, spécialiste en explosifs. Le fait que le capitaine ait décidé d'agir avec ses plus proches collaborateurs me procure une certaine fierté. Je ne remets pas en cause l'option qu'il a prise concernant l'adjudant-chef. Je lui préciserai cependant que l'emploi d'explosifs est à écarter car il est exclu de créer des dégâts collatéraux ou de blesser qui que ce soit lors de la mise à feu.

XII

LA MAÎTRESSE ÉCONDUITE

Alors que nous allons entamer les préparatifs de « l'opération paillotes », la situation avec Bertrand Cavallier est arrivée à un point extrême. Progressivement, ses agissements l'ont mis sur la touche. D'autres faits ont alourdi le dossier.

Début septembre 1998. Je me rends à Bastia afin de m'entretenir avec les différents officiers responsables du groupement et de la gendarmerie mobile, mais également pour étudier la mise en place d'une antenne de notre section de recherche en Haute-Corse. Ce déplacement est l'occasion pour moi de faire un crochet au palais de justice et rencontrer le procureur général. Bernard Legras, que je connais maintenant assez bien, me reçoit dans son bureau avec la plus extrême courtoisie. Il s'est retrouvé affecté sur l'île une quinzaine de jours après moi. Nous avons ressenti l'un et l'autre la même appréhension en arrivant sur cette île où chaque nouveau représentant de l'État est au départ accueilli avec une certaine hostilité. Sans même que nous en ayons clairement parlé un jour, ces liens, je le sais, nous ont rapprochés. Après avoir abordé divers sujets en rapport avec les derniers dossiers en cours, le procureur général m'apprend que le lieutenant-colonel Cavallier s'est rendu à Bastia à bord de l'hélicoptère de la gendarmerie quelques jours plus tôt alors que je me trouvais à Paris pour vingt-quatre heures.

Compte tenu de la configuration extrêmement accidentée du réseau routier, le patron de la gendarmerie en Corse est le seul commandant de légion en France à pouvoir bénéficier, en raison des délais de route, d'un hélicoptère pour ses déplacements. Une réserve toutefois, cet appareil est destiné prioritairement aux secours en montagne, une mission qui bien évidemment passe avant toutes les autres. Il est donc hors de question qu'au prétexte du moindre caprice le chef de la gendarmerie sur l'île mobilise l'hélicoptère, sachant que le potentiel réservé aux liaisons est limité.

Bernard Legras n'a toujours pas compris le but de la visite de Cavallier. Il me fait part toutefois de son irritation vis-à-vis de l'officier dont il interprète les attitudes comme celles d'un espion, un espion du préfet Bonnet dans les couloirs du palais de justice. Le jour de cette visite, le procureur général devait se rendre à Ajaccio et a profité de l'offre du lieutenant-colonel de l'accompagner à bord de l'hélicoptère. Là encore, Bernard Legras a été fort irrité par les propos de Cavallier. Au moment de l'inviter à monter dans l'appareil, l'officier lui a demandé sur un ton ironique s'il souhaitait s'installer à gauche ou à droite. Une allusion à vague connotation politique que le magistrat a trouvée des plus déplacées. En apprenant l'épisode de l'hélicoptère de la bouche du procureur je reste interdit. Lorsque je demanderai à Cavallier le but de son déplacement à Bastia, il éludera ma question.

Au fil des jours qui vont suivre, Cavallier délaisse de plus en plus son travail. Il traîne souvent, peut-être trop souvent, au parquet d'Ajaccio. Bernard Legras apprécie de moins en moins cette façon de fouiner. Il a l'impression d'être court-circuité. Lors d'un voyage à Paris, le haut magistrat rend visite à notre major général, le général Marcille avec lequel il entretient depuis de nombreuses années des relations privilégiées. Bernard Legras évoque avec lui l'attitude de Bertrand Cavallier dont il estime qu'il n'assume et ne mérite en aucun cas sa place au niveau de l'état-major de la légion. Les griefs du procureur général ne resteront pas longtemps lettre morte. Peu après cette visite, Cavallier est convoqué par le général Marcille. Ce dernier lui explique clairement que son rôle d'électron libre auprès du préfet doit cesser. Mais les faits persistent. Bertrand Cavallier continuera à effectuer des déplacements sans jamais m'en référer et à démissionner de plus en plus de son rôle de chef d'état-major. Ma position est difficile. Je pourrais bien sûr adresser une lettre d'avertissement à mon adjoint. Mais en gendarmerie il n'est pas courant qu'un colonel ait recours à ce genre de procédé avec son premier collaborateur. D'autant plus qu'agir de la sorte revenait pour moi à officialiser une déclaration de guerre, situation trop frontale dont je ne voulais pas sans solution de remplacement immédiate.

Jeudi 18 décembre 1998. Bertrand Cavallier apprend qu'il n'a pas été inscrit au tableau d'avancement pour le grade de colonel. Les propositions pour le choix des promotions ont été arrêtées bien avant mon arrivée en Corse. C'est donc à son ancien commandant de légion qu'incombait la décision de le proposer en bonne ou mauvaise position. Une décision à laquelle, je l'avoue, je m'associe tout à fait. Furieux, l'officier décide alors de remuer ciel et terre pour infléchir ce qu'il considère comme une injustice. Il passe sa matinée à téléphoner partout, y compris au préfet, en lui demandant de prendre immédiatement contact avec le cabinet du ministre de la Défense pour le faire inscrire et va même jusqu'à demander à son épouse d'intervenir auprès de Christiane Bonnet pour que celle-ci influence son mari. Pour Bertrand Cavallier, une grande partie de projets et d'illusions s'effondre. Il s'appuyait énormément sur le préfet, extraordinaire tremplin sur lequel il avait misé pour une promotion rapide. Brutalement tout s'écroule. Telle une maîtresse éconduite, il se rend compte brusquement que son protecteur a changé de favorite. Suffisamment malin et opportuniste, Bernard Bonnet continuera toutefois à entretenir des liens avec Bertrand Cavallier. À le ménager, en lui demandant de poursuivre sa tâche dans la recherche d'informations. Dès lors, délaissant encore plus son rôle de chef d'état-major, l'officier s'acquittera de cette mission sans toutefois en être dupe. Par jalousie, il ne tardera pas à trahir la confiance du préfet...

Le lendemain je monte à Paris pour y rencontrer le juge Gilbert Thiel afin de le convaincre de ne pas dessaisir la gendarmerie de l'affaire de Pietrosella. Après m'être longuement entretenu avec lui dans son bureau, je l'invite à déjeuner au mess de la garde républicaine basé au quartier des Célestins non loin de la Bastille.

Le lieutenant-colonel Gotab, patron de la section de recherches d'Ajaccio, est également présent. Notre repas se déroule dans une ambiance sympathique. Michel Gotab et moi pensons avoir convaincu le magistrat de l'intérêt de nous laisser travailler sur l'affaire. Nous sommes en possession d'éléments importants et ce serait un non-sens que de nous dessaisir d'un dossier sur lequel nous avons déjà beaucoup avancé et qui nous tient particulièrement à cœur. N'est-ce pas avec une arme volée à Pietrosella que le préfet Érignac a été abattu ? À l'issue du déjeuner, Gilbert Thiel nous assure de sa confiance. Pourtant, dix jours plus tard, nous apprendrons que le dossier de Pietrosella ne nous appartient plus, et que nous ne serons pas co-saisis avec la DNAT lors de la jonction de l'ensemble des procédures.

19 décembre, 16 heures. Je profite de mon passage dans la capitale pour rendre visite à mon grand patron, le préfet Bernard Prévost dans ses bureaux de la direction générale basés rue Saint-Didier. Je lui explique mon entrevue avec Gilbert Thiel à propos de l'affaire de Pietrosella et mon bon espoir de conserver le dossier. Je ne sais pas encore que dix jours plus tard, certainement sur pression du commissaire Roger Marion, la gendarmerie sera dessaisie de l'affaire au seul profit de la DNAT. Lors de notre entretien, Bernard Prévost me questionne beaucoup sur l'ambiance qui règne à la légion de gendarmerie d'Ajaccio. Je n'hésite pas alors à lui faire part de mon désappointement d'être obligé de travailler avec Bertrand Cavallier. Le directeur

général me fait comprendre qu'il est au courant de tout mais que la situation est délicate. Ses propos sont clairs : il est hors de question de relever le lieutenant-colonel Cavallier sans le consentement de Bernard Bonnet. Bernard Prévost me demande donc de sonder le préfet afin de savoir s'il s'opposerait à un départ de Cavallier. Il me suggère d'évoquer cette question à l'occasion de notre marche du dimanche matin dans le maquis. Il sait que le préfet m'apprécie et que nous faisons du sport ensemble lors de nos rares moments de détente.

Retour à Ajaccio. Nous sommes le dimanche 20 décembre. Alors que nous arpentons d'un bon pas les sentiers escarpés du chemin des douaniers, j'annonce au préfet Bonnet qu'au cours de ma visite à Paris j'ai rencontré Bernard Prévost. Ce dernier envisage de muter Cavallier à la direction générale dans un poste à responsabilités. Aucune réaction de sa part ; il me dit tranquillement qu'il ne s'opposera pas à cette affectation. Il sait que ma relation avec Cavallier est tendue, et souhaite que je puisse travailler en confiance au plus tôt. Je respire. Dès le lendemain, à la première heure, je téléphone à mon directeur général pour lui annoncer la nouvelle. Nous sommes alors dans une période extrêmement difficile pour la gendarmerie en Corse. Plusieurs brigades ont été les cibles de mitraillages. Les familles de gendarmes commencent à vivre dans la peur. Bernard Prévost m'annonce que pour redonner le moral aux différentes unités et manifester sa solidarité et son soutien aux militaires et à leurs familles, il a décidé de venir passer deux jours sur l'île les 5 et 6 janvier. Il me demande de lui organiser un programme pour ces quarante-huit heures et me dit qu'il profitera de cette occasion pour évoquer le dossier Cavallier avec Bernard Bonnet.

5 janvier, 18 heures. Je vais chercher le directeur général à l'aéroport d'Ajaccio. Nous passons à la légion pour une rapide évocation du programme du lendemain : réunion avec les différents présidents des sous-officiers en Corse-du-Sud comme en Haute-Corse et visite par hélicoptère des deux brigades mitraillées au cours des dernières semaines : Propriano et Moltifao. J'annonce également à Bernard Prévost que nous sommes attendus à dîner à la préfecture et qu'il y passera la nuit. Tout a été prévu. J'ai fait parvenir de sa part un bouquet de fleurs à Christiane Bonnet. Seront présents à cette soirée Gérard Pardini, le préfet adjoint à la sécurité Francis Spitzer, le colonel Samuel, chef de cabinet de Bernard Prévost et le général Lallemand, tous deux ayant accompagné le directeur général.

Après un dîner des plus officiels, les invités se retirent au salon. Les groupes se forment. Nous nous retrouvons Bernard Bonnet, Bernard Prévost et moi-même près de la cheminée. Bien sûr notre conversation tourne autour de la forte activité déployée par la gendarmerie et des résultats très encourageants que nous avons enregistrés. Mon directeur général évoque ensuite le cas du lieutenant-colonel Cavallier et annonce qu'il envisage de le relever de son poste en

Corse dès l'été prochain pour l'affecter à Paris. En se tournant vers moi le préfet lui annonce que nous avons déjà évoqué cette question et qu'il ne s'oppose en rien à cette décision. Dès le lendemain, Bertrand Cavallier apprendra sa mutation de la bouche de Bernard Prévost.

Voilà. Cette chronologie n'a rien d'exhaustif. Elle vise simplement à faire prendre en compte certains des tenants et aboutissants psychologiques qui ont poussé, au fil du temps, un officier de gendarmerie à faire capoter l'« opération paillotes », non pour des questions d'éthique comme il le revendique mais pour des raisons de vengeance liées à des motifs d'intérêts personnels. Je rentrerai plus tard dans les détails de l'attentat commis contre l'établissement de Francis Féraud.

J'ai évoqué plus haut mon entretien confidentiel du 20 mars avec Norbert Ambrosse. Entretien au cours duquel je fais part à l'officier de la mission que nous a confiée le préfet. Après avoir pris un temps de réflexion, le capitaine m'annonce qu'il assurera la destruction du restaurant « Chez Francis » avec ses trois officiers accompagnés de l'adjudant-chef Moulié. Le capitaine s'engage à garder le secret. Or, vers le 23 mars, Bertrand Cavallier entre dans mon bureau et m'annonce avec une mine de circonstance qu'il doit me parler. Il referme la porte derrière lui, je l'invite à s'asseoir. Il semble tendu, extrêmement perplexe. Son entrée en matière ne laisse guère de doute quant à l'objet de sa visite. Il m'annonce de but en blanc être au courant de l'opération que nous montons avec le GPS et me conseille de stopper là ce projet. Je lui réponds que je suis très étonné qu'il soit au courant de cette affaire car j'avais demandé à Ambrosse de garder la plus totale discrétion à ce sujet. Il convient de rappeler qu'à ce jour la première tentative d'attentat à l'encontre de « Chez Francis » et interrompue au dernier moment, n'a pas encore eu lieu.

De plus en plus isolé, je comprends alors que mon chef d'état-major est en fait profondément contrarié de ne pas avoir été mis dans le secret de l'affaire. Il se sent exclu, d'autant plus qu'après avoir été pendant des mois l'un des hommes de confiance du préfet il s'est retrouvé hors de son premier cercle au point d'avoir été écarté de la « mission paillotes ». Étant exclu, il fera tout pour que cela capote et si d'aventure cela arrivait, il tirerait les marrons du feu.

À aucun moment, lors de notre entretien, Bertrand Cavallier ne me dira qu'il s'oppose à cette opération. Si cela avait été le cas, rien, à partir de cet instant, ne l'aurait empêché de rendre compte de ce projet qu'il jugeait soi-disant illégal, à notre hiérarchie. S'il m'avait annoncé cette démarche, je lui aurais bien sûr répondu que je trouvais son attitude des plus déloyales et je me serais trouvé dans l'obligation de tout interrompre.

XIII

« CHEZ FRANCIS »

18 mars. À bord d'une 309 banalisée du GPS, Pardini, Ambrosse et moi sillonnons la route des Sanguinaires. Nous sommes passés à la préfecture pour prendre le directeur de cabinet de Bernard Bonnet afin qu'il nous indique l'emplacement exact de deux premières paillotes inscrites sur la liste des objectifs du préfet. Il s'agit, comme d'habitude, de deux baraques en planches construites au bord de l'eau dans la baie d'Ajaccio à quelques kilomètres de distance. Aucun respect architectural, des caravanes partout, je me demande comment des clients peuvent se rendre dans des endroits pareils. Une réserve cependant ; une fois que l'on est installé dans la paillote et que l'on ne voit plus que la mer, l'endroit a des allures de carte postale.

À notre retour à la gendarmerie, Ambrosse et moi effectuons un rapide débriefing au sujet du repérage que nous venons d'effectuer. Nous convenons ensemble que la destruction de ces deux paillotes auxquelles doit s'ajouter le restaurant de Francis Féraud risque très vite de faire passer ces incendies en série pour des opérations barbouzardes. Trop de risques. Le soir même, je rendrai compte au préfet de ma conversation avec le capitaine Ambrosse et des conclusions que nous en avons tirées. Gérard Pardini abonde dans mon sens. Le préfet se soumet mais reste intransigeant sur un objectif : une seule paillote devra être détruite par le GPS. Celle de Francis Féraud.

Au lendemain de notre conversation confidentielle, je propose à Ambrosse une reconnaissance des lieux afin qu'il puisse ensuite mettre en place sa propre stratégie d'action avec le groupe qu'il m'a désigné. Contrairement au premier repérage réalisé en voiture avec Gérard Pardini, nous décidons d'utiliser deux motos banalisées du GPS, des Cagiva 250 cm^3.

Il est environ quatorze heures lorsque nous nous lançons de concert sur la route de Propriano au guidon de nos machines. Alors qu'un vent tiède fouette mon visage et que ronfle le moteur du deux-roues, j'avoue me sentir grisé, intouchable. Nous sommes les représentants de la loi sur l'île et le préfet nous demande d'utiliser les méthodes de ceux que nous combattons. Mais y a-t-il une autre issue ? Je fais un rapide retour plus de vingt ans en arrière, je pense à mes années passées à Saint-Cyr, aux stages commando, aux marches de nuit dont nous rentrions épuisés mais heureux. Je me dis que j'aimerais être à la place d'Ambrosse. Je serais fier, si j'étais capitaine, que mon chef me fasse confiance au point de me demander de réaliser une mission aussi sensible.

Nous garons nos motos sur la petite aire en terre battue située légèrement en retrait de la plage et faisons, mains dans les poches, un rapide tour du propriétaire. Cette première prise de contact n'a d'autre but que de permettre à Ambrosse de se faire une rapide idée de la configuration du terrain et de la route qui y mène. Avant de repartir, le capitaine me fait part de ses premières impressions à chaud. Elles ne font que confirmer mes propres constatations : la disposition des lieux, les difficultés d'accès, l'environnement immédiat de la paillote impliquent une étude approfondie de l'objectif qui doit s'effectuer au cours de plusieurs reconnaissances diurnes et nocturnes dans la plus grande discrétion. De retour à la légion, je rappelle à l'officier les impératifs de sécurité nécessaires au bon déroulement de cette opération. Au-delà d'une discrétion absolue, il faut éviter le moindre risque, seul un incendie est envisageable. Et cela uniquement après avoir soigneusement vérifié qu'il n'y ait personne dans la paillote et à ses abords immédiats. L'autre précaution indispensable consiste à ouvrir les bouteilles de gaz situées dans la cuisine du restaurant pour qu'elles fusent et n'explosent pas à l'arrivée des secours. Le capitaine me rassure en me précisant qu'il s'occupe de tout.

Le soir même, lors de notre réunion à trois avec Gérard Pardini, j'annonce au préfet que le GPS se prépare à exécuter la mission. Le préfet est radieux. Il est impatient d'obtenir ce qu'il veut et me demande quel jour exactement nous avons décidé de détruire une bonne fois pour toutes cette paillote qui l'obsède. Je lui explique que mes officiers ne peuvent prendre cette mission à la légère, qu'ils doivent parfaitement repérer les lieux car le site est vraiment complexe et que dès que le jour « J » sera arrêté je le préviendrai. Satisfait, Bernard Bonnet décide alors qu'au cours de l'opération le GPS laissera sur les lieux un tract dont il a lui-même élaboré le texte, au demeurant fort simple : « Féraud balance des flics. » Je l'ai rapidement évoqué plus haut, le préfet éprouve un profond ressentiment à l'égard de Féraud qu'il considère comme un protégé de la police. Bernard Bonnet a toujours en travers de la gorge ce coup de fil du directeur central des renseignements généraux, Yves Bertrand, qui l'a appelé pour lui demander de traiter le cas Féraud avec « bienveillance ». Par ailleurs, le fait de déposer ce tract brouillera les pistes tout en prévenant Féraud que d'aucuns sont au courant de ses relations avec la police. Quant à la police, elle devra désormais faire attention aux relations qu'elle entretient de-ci de-là.

Gérard Pardini s'exécute sous la dictée de Bernard Bonnet, effectue des doubles du document sur le photocopieur du secrétariat du préfet et me les remet. C'est avec stupeur que je lirai ensuite dans les dépositions de Bernard Bonnet qu'il ignorait tout de ce tract. Pourquoi alors avoir ordonné par la suite à Gérard Pardini de mettre hors service cette photocopieuse en poussant le cynisme jusqu'à utiliser les gants blancs de son uniforme pour toucher la machine ?

Le compte à rebours commence alors. Tous les soirs, le préfet me demande où en est l'opération. Il insiste, se montre impatient, s'énerve. Je le rassure et lui explique qu'il ne s'agit plus que d'une question de jours.

29 mars. Ambrosse vient me voir pour m'annoncer que l'opération se déroulera le soir même. Trois jours

plus tôt, Denis Tavernier et Lionel Dumont ont pris la précaution d'enterrer les bidons de combustible dans le maquis, près d'une cabane en pierres, afin de n'avoir plus qu'à les récupérer au moment de l'opération. Il s'agit de cinq vieux jerricans d'huile de vidange couleur vert armée récupérés dans les poubelles de l'atelier auto de Battesti et d'un bidon blanc de produit lave-glace.

Outre ces récipients de récupération, Tavernier a fait l'acquisition dans un supermarché de Mezzavia, dans la banlieue d'Ajaccio, de deux bidons rouges de dix litres chacun. Ses achats ont été réglés en liquide. Aucun risque qu'en cas de pépin il puisse être « remonté » à cause d'un imprudent paiement par chèque ou carte bleue. Par souci de discrétion, l'officier a fait le plein à partir de nourrices du club de plongée, à la caserne d'Aspretto. Certains bidons ont été remplis de combustible pur, d'autre avec de l'essence mélangée à du savon en poudre et du caoutchouc afin que le liquide soit plus persistant dans sa combustion, plus difficile à éteindre et moins volatile.

Je demande à Norbert Ambrosse de me relater précisément la façon dont il compte s'y prendre. Ses explications me satisfont. Le capitaine semble ne rien avoir laissé au hasard. Placé en observation quelque part dans le maquis, à environ deux cents mètres au-dessus de la paillote, le lieutenant Pesse est chargé d'observer toutes les allées et venues autour de notre cible afin de déterminer si, jusqu'au dernier moment, une action est possible et ne risque pas d'être perturbée par d'éventuels gêneurs. Équipé de lunettes infrarouges à vision nocturne et d'un talkie-walkie crypté en dotation au GPS, Pesse surveillera sans le moindre moment de répit l'objectif que nous nous sommes fixé avant de donner l'ultime signal d'action. Le nom de code sera le suivant : « Vert » pour, « vous pouvez y aller, la voie est libre ». « Rouge », pour « arrêtez tout, il y a un pépin ». L'adjudant-chef Moulié, lui, est chargé d'exfiltrer le commando qui aura mis le feu à la paillote. Après avoir soigneusement repéré les lieux, décision a été prise que les trois hommes chargés de l'action proprement dite prendront la fuite à travers le maquis, remonteront par un minuscule chemin de terre qui serpente dans les broussailles jusqu'à une route départementale en direction de Propriano où le véhicule de Moulié les attendra.

Les explications du capitaine Ambrosse sont claires, précises et rassurantes. Tout semble au point, l'officier n'a rien laissé au hasard, je suis totalement confiant et lui donne carte blanche.

Mais dans la nuit du 28 au 29 mars Ambrosse me téléphonera sur mon GSM pour m'annoncer que l'opération n'a pu avoir lieu. Dès le matin, quand j'annoncerai au préfet le report de l'opération, il en sera très contrarié.

Vers vingt-trois heures, le commando qui attendait le dernier signal pour entrer en action s'est vu obligé de rebrousser chemin en raison du signal « rouge » lâché par le lieutenant Pesse. L'élément d'intervention a dû interrompre *in extremis* l'opération en raison de la présence d'individus autour de la paillote et d'une voiture suspecte dont l'immatriculation, relevée par le

GPS puis confiée au préfet, montrera qu'il s'agissait d'un véhicule de police banalisé de la Direction départementale de la sécurité publique d'Ajaccio. Nous ne saurons jamais ce que cette voiture faisait sur ce lieu isolé à cette heure tardive de la nuit... Le préfet fulmine ; les relations police-Féraud sont toujours d'actualité.

9 avril. Date capitale dans l'esprit du préfet Bonnet. Ce jour-là doit se dérouler officiellement la démolition par le Génie militaire de deux paillotes de la plage de Verghia à Coti-Chiavari, au sud du golfe d'Ajaccio, appartenant respectivement à Émilio Carta et Jean-Marc Gaggioli. Cet épisode qui, à bien des égards, rappelle des scènes de la BD *Astérix en Corse* mérite d'être détaillé.

Plusieurs réunions préparatoires ont été organisées à la préfecture sous l'égide du préfet Spitzer et du secrétaire général. Les différents responsables de l'opération mettent au point leur action dans leur domaine de compétence. Rien n'est laissé au hasard. Le préfet Bonnet présidera la dernière séance à laquelle il me conviera, se fera présenter le dispositif retenu, la chronologie des actions menées, et validera le tout.

4 heures du matin. Une surveillance discrète mise en place par la gendarmerie ne révèle aucune activité ni menace particulière sur la plage de Verghia ni dans ses environs.

6 heures 30. Le site est investi par un escadron de

gendarmerie mobile. Le gardien de la paillote de monsieur Gaggioli n'oppose aucune résistance. Les gendarmes contrôlent les deux accès à la plage et bouclent l'ensemble du périmètre. Le chemin départemental 55 qui longe la plage fait l'objet d'un dispositif destiné à faciliter la circulation.

7 heures 15. Jean-Marc Gaggioli accompagné de son épouse et de leurs trois enfants force, avec son 4x4, le barrage mis en place sur l'accès sud de la plage. Les gendarmes ont juste le temps de s'écarter pour ne pas être écrasés. Le véhicule parcourt les 50 mètres qui lui permettent de rejoindre la paillote. Gaggioli et sa famille s'enferment aussitôt dans leur baraque de planches.

7 heures 30. Alors que ces événements se passent à quelques centaines de mètres de sa paillote, Monsieur Carta voit arriver dans son établissement des huissiers ainsi que des représentants d'EDF et de France Télécom. Interviennent dans la foulée les entreprises de transports frigorifiques et d'assainissement. Le travail préparatoire à la démolition qui consiste à isoler la paillote des différents réseaux publics s'achèvera vers 10 heures.

8 heures. À bord d'un fourgon Renault, le cuisinier et le serveur de Gaggioli forcent à leur tour le barrage en heurtant un véhicule de la gendarmerie placé en travers. Les deux hommes arrêtés et placés en garde à vue seront présentés le lendemain au procureur de la République.

8 heures 30. Le Génie militaire est sur les lieux, prêt à intervenir pour raser les paillotes illégales.

9 heures 45. Après des négociations avec Gaggioli qui affirme être armé, des membres du GPS forcent la porte de l'établissement et maîtrisent le patron du restaurant. L'opération se déroule sans incidents. La famille Gaggioli est évacuée. Commence alors l'inventaire par les huissiers qui viennent de terminer leur travail dans l'établissement de Carta.

À compter de 10 heures pour la paillote de Carta et de 11 heures pour celle de Gaggioli, les opérations de déménagement peuvent débuter. Mais la préfecture a commis l'erreur de faire appel à une entreprise de déménageurs locaux dont le personnel, au lieu d'évacuer le matériel entreposé dans les paillotes, va « pactiser » – par solidarité insulaire – avec les propriétaires. Consciencieusement, en prenant tout leur temps, les gros bras emballent un par un les fauteuils en plastique, les cendriers et les chaises sur la terrasse, comme s'il s'agissait de mobilier de style. À ce rythme, le déménagement risque de durer trois jours. L'insistance de la gendarmerie auprès du responsable de la société de déménagement ne fait pas, loin de là, avancer la cadence du travail qui, au contraire, diminue d'heure en heure. Le Génie ne pourra donc pas entrer en action pour le dernier acte : la destruction des paillotes.

Mis au courant par le tam-tam local des destructions imminentes qui doivent se dérouler à quelques kilomètres de sa paillote, Francis Féraud accourt à la plage de Verghia, rapidement rejoint par d'autres manifestants hostiles aux démolitions. Suivent ensuite certains politiques dont Jean-Guy Talamoni, leader nationaliste aux côtés de José Rossi, président de l'Assemblée territoriale et ennemi déclaré de Bernard Bonnet. Plus que la guerre, c'est la haine entre les deux hommes. Bernard Bonnet s'est juré d'avoir la peau de cet élu de Démocratie libérale. Je l'ai évoqué plus haut, José Rossi doit rendre des comptes à la justice sur le règlement de deux affaires de détournements de fonds. Tout d'abord ces sept millions de francs, destinés aux RMIstes qui auraient en fait servi en partie à subventionner clubs, associations sportives et athlètes de haut niveau. L'autre information porte sur le marché des transports scolaires en Corse du Sud : trente millions de francs auraient été attribués de gré à gré à des entreprises, sans appel d'offre. Survenue à point nommé, l'affaire des paillotes pourra-t-elle faire suffisamment diversion pour détourner l'attention de l'affaire José Rossi ?

Avant l'arrivée du député local, François Léotard, grand ami du paillotier Carta, est venu soutenir le restaurateur chez qui il a l'habitude d'aller manger la langouste lors de ses passages en Corse. La plage de Verghia est devenue en quelques instants l'endroit le plus mondain de l'île. Impuissants, les gendarmes ne peuvent qu'assister au spectacle des politiques s'offusquant, la main sur le cœur, de la décision du préfet à l'encontre d'endroits si charmants. François Léotard, ancien ministre de la République, fait partie des plus virulents à contester l'action du préfet, représentant le gouvernement de la même République. Après avoir manifesté bruyamment devant les photographes et les caméras de télévision, tout ce beau monde converge vers l'Assemblée territoriale pour rameuter d'autres élus et se diriger vers la préfecture avec la ferme intention de faire plier le préfet. Ce dernier m'appelle à la légion. Je comprends au son de sa voix que la situation est grave. Il me demande d'aller sur les lieux et de lui faire un point exact de la situation. D'autant que certains grossissent les incidents en parlant de la venue d'automitrailleuses. J'apprendrai plus tard qu'une initiative malheureuse avait conduit à faire réaliser ce jour-là, sur cet axe routier, des essais de roulement à deux véhicules blindés à roues de la gendarmerie (VBRG).

Je me rends immédiatement à la plage d'argent, en civil, à moto, accompagné du capitaine Ambrosse. Nous ne pouvons que nous rendre à l'évidence. Encore une fois, l'état de droit ne sera pas respecté en Corse. Grâce à leurs relations, grâce à la complaisance de certains élus qui pensent plus à leur cuisine politique personnelle qu'à l'intérêt d'une île à l'équilibre fragile, les paillotiers sont en passe de gagner une bataille et de tourner en ridicule la politique de la France. J'appelle le préfet et lui fais pars de mon sentiment : l'opération s'achemine vers un échec. Je mentirais si à cet instant précis je ne reconnaissais pas être en accord avec Bernard Bonnet. Tout comme Norbert Ambrosse d'ailleurs qui, en quelques mots, me fait alors comprendre qu'il conçoit encore plus les raisons incontournables de la guerre de l'ombre que nous devons mener.

Pendant ce temps, la délégation d'élus est arrivée à la préfecture. Le préfet refuse catégoriquement de les recevoir et charge son directeur de cabinet de le faire. Après de longues négociations, un compromis est trouvé. Il consiste à surseoir à l'opération destruction des paillotes de façon à ce que les propriétaires puissent bénéficier de la période estivale qui approche. En contrepartie, ils s'engageront à détruire leurs installations au plus tard le 31 octobre. Ce texte sera « contresigné » par le président de l'Assemblée territoriale.

Voilà. Tout cela est rondement mené mais le préfet n'est pas dupe. Il sait que ce texte qui lui est plus ou moins imposé n'est qu'un artifice destiné à le faire ployer immédiatement, quitte à ce que d'ici le 31 octobre un arrangement soit trouvé au bénéfice des paillotiers : peut-être le départ du préfet, on en parle beaucoup, sinon le réaménagement du domaine public maritime... Bernard Bonnet adopte un profil de convenance mais réserve un chien de sa chienne à ceux qu'il n'a jamais cessé de considérer comme ses ennemis, tout comme les ennemis de l'État de droit dont il est le représentant.

Le soir même, lors de notre réunion, je découvre un homme calme, froid, plus déterminé que jamais. L'affaire de la plage de Verghia occupe toutes nos discussions. Les échanges téléphoniques avec Paris pour évoquer son échec l'ont galvanisé. Pour lui, c'est en grande partie à cause de Francis Féraud que tout cela est arrivé. C'est lui, estime-t-il, qui a rameuté les politiques et les journalistes, faisant ainsi tout échouer, pour en bénéficier indirectement. Plus que jamais, il insiste pour que la paillote « Chez Francis » soit détruite au plus tôt, d'autant qu'un autre événement va accroître le sentiment de malaise et d'impuissance de l'État en Corse. Un attentat contre un bâtiment de l'armée de l'air près de l'aéroport d'Ajaccio sera perpétré quatre jours plus tard. Un commando nationaliste a neutralisé et ligoté les deux militaires chargés de la surveillance des locaux avant de placer des charges de plastic et de faire sauter l'objectif. Des renseignements recoupés nous laissaient entrevoir une nuit bleue. J'ai immédiatement demandé à ce que le maximum de personnel soit déployé sur le terrain en vue de saturer les axes routiers par des patrouilles et des postes de contrôles. La dissuasion marchera : la nuit bleue annoncée et tant redoutée n'aura pas lieu.

Les deux jours suivants, le préfet sera de plus en plus insistant au point de me dire que si le GPS ne s'exécutait pas rapidement, c'est lui seul qui s'en chargerait. Ces paillotes demeurent toujours une obsession majeure. Je décide alors d'insister auprès d'Ambrosse pour hâter l'opération. Nous sommes le 19 avril. Dans l'après-midi le capitaine vient m'annoncer que « ce sera » pour cette nuit, à moins que des éléments extérieurs obligent une fois encore à reporter l'opération. Le soir, au cours de ma réunion quotidienne chez le préfet et en réponse à sa question lancinante, je me contente d'annoncer que l'opération est imminente. Bernard Bonnet entérine ma déclaration d'un signe de tête entendu. Nous évoquons alors d'autres sujets avant de nous séparer.

De retour chez moi, quinze minutes plus tard, je tente en vain de me détendre. Je sais que l'opération – sauf contrordre de dernière minute – doit avoir lieu dans la nuit, entre une heure et trois heures du matin. Je pense à mon équipe d'officiers, j'espère que tout va bien se passer, je suis confiant malgré tout et n'imagine à aucun moment que le pire est en passe de se produire. Difficile de trouver le sommeil. Je tourne d'une pièce à l'autre, feuillette un bouquin, me prépare un vague rata pour tromper la faim : des pâtes chinoises au bœuf, en sachet. Le sommeil finit par venir. J'attends le coup de fil d'Ambrosse dans la nuit. Le capitaine ne m'appellera qu'à 6 h 30. Tout s'est bien passé selon lui. La paillote est détruite. Seule ombre au tableau, un poste radio a été perdu et l'officier a été brûlé aux mains. Raison de son appel téléphonique tardif : l'équipe a perdu un temps précieux à tenter de retrouver le poste radio et la marche d'exfiltration a été plus longue que prévu.

En fait, l'opération s'est, au début, déroulée à quelques différences près, de la même façon que la première fois. Elle aurait dû se solder par une totale réussite si deux des hommes du commando chargés d'incendier la paillote n'avaient pas commis une regrettable erreur technique...

Vers 14 heures, le lieutenant Pesse s'est embusqué dans son poste d'observation non loin de la paillote afin de repérer les allées et venues et renseigner, le moment venu, les autres équipiers sur la faisabilité de l'opération. Il a été déposé là par la R19 couleur bronze du GPS conduite par l'adjudant-chef Moulié. Ce sous-officier a ensuite rejoint la caserne Battesti.

21 heures. Le lieutenant Dumont prépositionne à quelques centaines de mètres de la caserne Battesti, une Clio banalisée vert pâle, sur la route du col Saint-Georges.

Environs de minuit. Dumont, Ambrosse, Tavernier et Moulié sortent discrètement de chez eux et se retrouvent à la Clio. Cap sur la paillote. C'est Moulié qui est au volant. Après quarante-cinq minutes de route, le conducteur dépose ses compagnons à quelque distance de la paillote « Chez Francis », attend environ une heure puis, considérant que l'opération est au stade du non-retour, revient à Ajaccio. Il est environ trois heures. Il repartira une heure plus tard, à bord d'une fourgonnette C25 banalisée de la section de recherches pour récupérer ses compagnons à l'issue de l'opération.

Retour à la Cala d'Orzu. Trois ombres progressent dans le maquis en direction de la petite cabane de pierres où ont été enfouis les bidons d'essence. Tavernier fait le guet puis déterre les bidons cependant qu'Ambrosse et Dumont se rapprochent de la paillote. Caché un peu plus haut, Pesse leur signale par talkie-walkie que tout va bien. Son observation diurne puis nocturne ne révèle rien de suspect.

Ambrosse et Dumont font le tour de la cible, rejoints par Pesse. Tout est OK. Le capitaine revient alors vers Tavernier pour l'aider à transporter les bidons. Arrivés près de la paillote, les deux hommes déposent leur fardeau à quelques mètres.

Le chef du groupe demande à Dumont et Pesse de bien boucler la zone. Le premier remonte un peu sur la piste qui donne sur le restaurant. Le deuxième se place en contrebas, près d'une caravane qui, semble-t-il, est occupée.

Ambrosse et Tavernier vident les jerrycans en oubliant de prendre une précaution élémentaire. Ils ne pensent plus que le mélange incendiaire préparé par leur soins est resté plus de quinze jours sans être secoué et n'a pas gardé son homogénéité. Le savon s'est déposé au fond des fûts, formant une pâte compacte, l'essence est presque pure. La journée a été plutôt chaude et la nuit est douce.

Tavernier éventre les bidons avec son poignard pour aller plus vite. Ambrosse, de son côté asperge le baraquement. Au fur et à mesure qu'ils effectuent leur besogne, les militaires regroupent les récipients vides sur la plage. Tout est prêt maintenant. Ambrosse demande à Pesse et Dumont de se préparer à se replier vers le point de recueil.

2 heures 30 du matin. Le capitaine jette le tract « FÉRAUD BALANCE DES FLICS » sur la plage. Le temps de faire fuser les bouteilles de gaz pour éviter leur explosion à l'arrivée des secours, la baraque baigne déjà dans des vapeurs concentrées d'essence. Il fait très doux, le combustible s'évapore beaucoup plus rapidement que prévu. Le chef du commando retire

ses gants avant la mise à feu. Placés chacun à une extrémité de la paillote, Ambrosse et Tavernier s'apprêtent à craquer simultanément une allumette. L'incendie se propage avec une brutalité extrême, comme une véritable boule de feu. Ambrosse se retrouve au milieu des flammes, c'est la panique générale. Dans un réflexe, il arrache sa cagoule et se précipite vers la mer : « En courant je sens la peau qui se rétracte sur mes mains, expliquera-t-il plus tard dans le bureau du juge Cambérou. Je sais que la première chose à faire, c'est de mettre mes mains dans l'eau. Me voilà sur la plage. Je plonge mes mains dans l'eau. Je me relève. Mes compagnons sont autour de moi. Ils comprennent que je suis touché. Ils sont inquiets. Je saigne un peu. J'ai surtout très peur pour mon visage. Heureusement qu'il a été protégé par ma cagoule. »

Tavernier et Dumont font de leur mieux pour aider leur camarade. Pendant ce temps, la paillote brûle comme une torche. Dumont se charge de soutenir le capitaine. Les quatre hommes vont se cacher vers la première barre rocheuse, près de la côte.

À ce moment-là, ils s'aperçoivent que dans la panique générale ils ont perdu leur talkie-walkie. C'est Tavernier qui est à l'origine de la maladresse. Malchanceux dans l'épisode de la barge de Bonifacio, le lieutenant a une nouvelle fois manqué d'à-propos. On s'apercevra plus tard que, tel un petit poucet, l'officier a aussi semé son poignard qu'il n'a pas correctement fixé à sa ceinture. La cagoule d'Ambrosse sera aussi oubliée sur place.

Il est trop tard pour aller récupérer le poste radio. Des faisceaux de lampe torche balayent déjà la nuit autour de la paillote. Il ne faut en aucun cas bouger, ni se faire voir. Les bidons sont enterrés dans le sable, à la va-vite.

Le groupe décide de se séparer en deux binômes. Pesse et Ambrosse vont s'exfiltrer en rejoignant par le sud l'endroit où Moulié attend avec son C25. Tavernier et Dumont vont tenter de récupérer le poste de radio égaré. Pour Pesse et Ambrosse, la progression va être terriblement pénible dans le maquis. Épuisé, déçu, le capitaine a du mal à avancer. Ce n'est que vers 6 heures 15 que Moulié sera appelé par le chef de groupe pour venir le chercher en compagnie du lieutenant vers une tour génoise située près de Capo Neru. L'adjudant-chef est étonné de ne voir que deux hommes. On lui explique que Tavernier et Dumont sont restés sur place.

XIV

PIÈCE DE THÉÂTRE

20 avril, 6 h 30. Le capitaine Ambrosse m'appelle sur mon portable. Il m'annonce que l'opération est réussie mais qu'un poste radio a été perdu et qu'il s'est brûlé les mains. Il est en route pour la caserne et ne doit pas tarder à arriver. Je lui dis que je me charge de le faire soigner et lui demande de me rappeler dès qu'il sera arrivé chez lui. Ma décision est prise. Je sais, dès lors, qu'il va falloir jouer serré. Si le poste de radio est retrouvé par les enquêteurs, ma réponse sera toute prête. Je dirai qu'il a été perdu l'avant-veille lorsque toutes les unités, y compris le GPS, étaient sur le terrain en prévision de la nuit bleue. Le poste a dû alors être récupéré par des individus qui l'ont soit délibérément placé près de la paillote lorsqu'ils y ont mis le feu, pour faire diversion, soit perdu alors qu'ils l'utilisaient pour écouter les gendarmes. Entre-temps, il faut que je m'occupe de faire soigner mon officier. Je téléphone immédiatement à l'infirmier de la caserne pour lui demander de préparer de quoi panser les brûlures du capitaine en lui précisant de garder la plus grande discrétion.

7 heures 15. Ambrosse m'appelle pour m'annoncer qu'il est chez lui. Je le rassure en lui disant que je lui envoie quelqu'un. Une demi-heure plus tard, l'infirmier me rappelle pour me dire que les blessures lui paraissent plus graves que prévu. Il faut un médecin.

Je contacte le médecin-chef de la légion, le colonel Marcucci. Après une rapide consultation, l'officier m'annonce qu'il n'a pas les moyens de traiter ce type de blessure. Il préfère conduire Ambrosse aux urgences de l'hôpital d'Ajaccio. Je donne mon accord. Dans le courant de la matinée, le capitaine me rappelle. Il vient de quitter les urgences, ses blessures sont moins graves qu'il n'y paraissait. Il doit seulement changer ses pansements dans cinq jours. Il me demande l'autorisation d'anticiper une permission qu'il devait prendre quelques jours plus tard afin de rejoindre sa femme et son fils à Toulouse. Compte tenu des pansements qui lui couvrent les mains et qu'entre-temps le poste radio a été retrouvé sur place, Ambrosse préfère traîner le moins possible à la légion afin de ne pas éveiller les soupçons. Il obtient bien évidemment mon feu vert. Le soir même, à 19 heures, il montera à bord du ferry à destination de Marseille.

Dès le matin, j'ai rendu compte au préfet du bilan de l'opération. J'ai évoqué avec lui le problème du poste radio perdu et malheureusement retrouvé par les enquêteurs. Je le rassure et lui explique mon scénario concernant la perte du matériel l'avant-veille en opération de dissuasion. Bernard Bonnet est confiant. Il me félicite. Il vient de recevoir les comptes rendus du préfet de police concernant un étrange incendie sur la plage de Cala d'Orzu : la paillote « Chez Francis » est complètement détruite par un incendie, certainement d'origine volontaire.

18 heures. Appel du lieutenant-colonel Burstert. L'officier me déclare que, outre la découverte du poste radio du GPS, les enquêteurs viennent également de récupérer une cagoule et un poignard. Les nouvelles vont vite. Sur *Radio-Corse Fréquenza Mora*, un des supports médiatiques utilisés par les nationalistes pour revendiquer certaines de leurs actions militaires, des flashes laissent entendre que le GPS se trouvait sur les lieux de l'incendie. Je lui réponds que je ne comprends rien à toute cette histoire. Je raccroche.

Coup de fil en urgence sur le portable d'Ambrosse qui s'apprête à embarquer sur le *Napoléon-Bonaparte*. « Qu'est-ce que c'est que cette histoire de cagoule ? » Le capitaine tombe des nues. Oui, en effet, il se souvient maintenant avoir arraché sa cagoule quand il était en feu. Tavernier l'a ramassée. Il a dû ensuite la perdre dans la précipitation.

Je réalise que la situation est grave. Mon premier scénario n'évoquait que la perte du poste l'avant-veille par une équipe du GPS. Tout devient soudain plus compliqué. En cas d'analyse ADN, on découvrira très vite que la cagoule appartient bien au chef du GPS et qu'elle porte des traces de brûlures. Des brûlures dues au même combustible que celui utilisé pour incendier la paillote... Et le capitaine est brûlé aux mains.

Je laisse Ambrosse prendre son bateau en lui expliquant que nous reprendrons contact téléphonique par l'intermédiaire du lieutenant Dumont pour mettre au point une parade. Lors de ma première explication sur la mission du GPS l'avant-veille de l'attentat contre la paillote et sur la perte du poste je n'ai parlé que du lieutenant Tavernier et de l'adjudant-chef Moulié. Mais Ambrosse doit maintenant obligatoirement entrer en scène. Tout, dès lors, va consister à mettre en place avec Dumont un nouveau scénario de l'affaire selon lequel Ambrosse, Tavernier et Moulié se trouvaient en mission d'observation sur la plage de Cala d'Orzu dans la nuit du 19 au 20 avril.

Je ne fermerai pas les yeux la nuit suivante. Je suis de plus en plus inquiet et en même temps je me dis qu'avec un bon scénario je peux tirer de ce mauvais pas et mes hommes et moi-même. Il convient toutefois de nous trouver tous en parfaite synchronisation dans nos déclarations lors de l'enquête qui ne va pas manquer d'être déclenchée.

De son côté le préfet, lui, reste confiant. Il a toujours considéré que les magistrats n'étaient pas à la hauteur. Il pense que l'explication que je viens de lui présenter se tient, que l'on va en rester là et qu'il n'est pas nécessaire de continuer à en parler. Le silence est pour lui le meilleur moyen de ne pas éveiller les soupçons. Occupons-nous d'autre chose et faisons diversion en suscitant l'intérêt des journalistes sur d'autres sujets. Il ne mesure pas, je crois, la gravité de la situation. Je pense au contraire que tout cela risque de prendre des proportions telles – tant sur le plan médiatique que politique – qu'il me faut en rendre compte au plus tôt à mon directeur général. J'appelle Bernard Prévost pour lui demander de me recevoir au plus vite. Rendez-vous à son bureau parisien de la rue Saint-Didier pour le lendemain, 9 heures.

L'instant est solennel. On entendrait une mouche voler. Entouré du major général Marcille et du général Lallemand, le directeur m'invite à prendre place. On me regarde, on me scrute. Il faut que je mente avec aplomb. Je pourrais très bien leur dire la vérité, mais par respect de la parole donnée au préfet je tiens à m'en tenir à l'explication sur laquelle nous nous étions mis d'accord.

Je ne dois pas commettre d'erreur. J'explique à Bernard Prévost en le regardant droit dans les yeux les raisons pour lesquelles une équipe du GPS se trouvait cette nuit du 19 au 20 avril sur les lieux de l'incendie, simplement parce qu'elle effectuait une mission d'observation et de repérage de la paillote qui devait être détruite plus tard par le Génie. Il ne fallait pas renouveler l'échec cuisant des paillotes de la plage de Verghia, d'autant que le site était beaucoup plus sensible compte tenu de la personnalité de Francis Féraud. J'ajoute immédiatement que l'affaire est très embarrassante car certains pourraient laisser accréditer l'idée selon laquelle le GPS a mis le feu, alors que je confirme qu'il se trouvait là par hasard et qu'il a été surpris par cet événement. J'assure alors que mes hommes n'ont rien à voir dans cette histoire. Bernard Prévost acquiesce, il semble très ennuyé mais je pense qu'il me croit. Je lui annonce que dès mon retour en Corse je vais rencontrer le procureur général. Je me retire.

Il est environ midi lorsque j'appelle Bernard Legras. Le procureur général me demande de passer le voir avant 19 heures. Je tente de changer mon billet Paris-

Ajaccio en Paris-Bastia mais je ne parviens pas à trouver de place disponible. Retour à la légion à Ajaccio. Ce n'est que le lendemain, à la première heure, que je me fais déposer en hélicoptère au groupement de gendarmerie de Bastia pour rejoindre le palais de justice. À l'attitude du procureur général, à son air soucieux je comprends que les choses ne vont pas être simples. Malgré les mêmes explications que celles servies la veille à Bernard Prévost et à ses deux généraux, je sens bien que Bernard Legras est perplexe. Le haut magistrat finit par m'annoncer qu'il décide de saisir l'inspection technique de la gendarmerie, nos bœufs carottes en uniforme. Il faudra tenir bon.

Vendredi 23 avril, 13 heures. L'hélico me ramène à Ajaccio. Danièle, mon épouse, a préparé le déjeuner. Elle était venue me rejoindre pour une semaine de vacances et n'est pas prête d'oublier le week-end que je vais lui faire passer.

14 heures. Coup de fil du général Parayre. Je dois me rendre immédiatement à Paris pour me présenter le lundi matin à la direction générale de la gendarmerie. Inutile, selon lui, que je prenne un billet de retour. Je lui demande la raison pour laquelle je dois partir dans l'heure alors que ma convocation n'est prévue que pour le début de la semaine. Il m'annonce que ce sont les ordres. Je suis furieux. Furieux d'être traité de la sorte, furieux de devoir abandonner une fois de plus Danièle plutôt que de passer un week-end avec elle, furieux enfin de ne pas pouvoir prendre le temps de

mettre au point avec le lieutenant Dumont le nouveau scénario qui devrait nous permettre de passer à travers les mailles du filet. Je décide de téléphoner dans la minute qui suit au préfet. Je lui explique mon problème. Bernard Bonnet me rassure, me précise qu'il se charge de tout. Le préfet est toujours aussi efficace et aussi redouté. Je sais que ses paroles vont être très fermes vis-à-vis du général Parayre comme de mon directeur général. Nouveau coup de fil une demi-heure plus tard du général Parayre. Tout est arrangé, je peux passer tranquillement mon samedi et mon dimanche à Ajaccio. Il suffit seulement que je sois présent lundi matin à la première heure à ma direction générale. Je respire. J'imagine toutefois que compte tenu de l'émoi que cette opération va susciter je suis susceptible d'être relevé de mon commandement. Je ne pense pas encore un seul instant que je vais me trouver très rapidement en détention provisoire.

Il s'agit maintenant de jouer serré. Une enquête minutieuse va être déclenchée. Il me faut monter un scénario sans faille avant mon départ pour Paris.

Mise en scène simple et compliquée à la fois. Tout tourne autour du fait que j'envisage de déclarer que seuls le capitaine Ambrosse, le lieutenant Pesse et l'adjudant-chef Moulié étaient présents sur la plage en observation dans la nuit du 19 au 20 avril. Il est hors de question d'impliquer dans cette affaire tous les protagonistes. Deux lieutenants de plus, cela susciterait des interrogations. Le groupe du GPS était là en observation lorsqu'un incendie violent s'est déclaré.

Le capitaine, qui était à proximité de la paillote, a été blessé aux mains et, dans la panique de tomber dans une embuscade tendue par les auteurs de l'incendie, du matériel a été perdu dans la fuite.

Mais il faut savoir que toutes les allées et venues de véhicules ont probablement été enregistrées par les caméras situées au poste de garde de la caserne. Obligation donc d'inventer un scénario simple, mettant le trio en scène, et cohérent en chronologie avec les allées et venues des véhicules utilisés lors de la véritable opération : R19, Clio, C25. Un élément nous sera favorable : les images prises par les caméras ne seront pas de définition suffisante pour identifier les occupants de véhicules. Il suffira donc de respecter les mouvements et de leur mettre les occupants qui collent le mieux au scénario, qui ne met en scène que trois acteurs sur cinq en réalité.

C'est donc Dumont qui viendra régulièrement durant le week-end à mon domicile pour que nous mettions ensemble au point cette histoire qu'il transmettra ensuite en détail à Moulié, Tavernier et Ambrosse. Nous devons être parfaitement synchro et cohérents dans nos déclarations.

Durant ces quarante-huit heures, le lieutenant Dumont passera pas moins d'une dizaine de fois à mon domicile pour des répétitions incessantes et des ajustements de la pièce de théâtre que je suis en train de monter. Il ne doit y avoir aucune contradiction dans les déclarations des comédiens qu'Ambrosse, Tavernier, Moulié et moi-même sommes devenus malgré nous.

Voici le mensonge collectif que nous servirons aux gendarmes enquêteurs.

Le 19 vers 14 heures : Tavernier et Moulié sont acheminés en R19 vers Cala d'Orzu pour monter un dossier d'objectifs en vue dans la prévision d'une intervention ultérieure avec le Génie pour détruire la paillote. Jusque-là, tout colle puisque dix jours plus tôt s'était déroulé l'incident Carta, Gaggioli sur la plage de Verghia, même si les démolitions sont interrompues momentanément. Il faut au préalable détenir des dossiers d'objectifs fiables et précis et ne pas attendre le dernier moment. Le GPS doit donc parfaitement étudier les lieux car le terrain est beaucoup plus accidenté que la fois précédente et la zone est plus sensible en raison de la présence d'habitations dont certains occupants peuvent être hostiles. Vers minuit, le capitaine Ambrosse les rejoint en Clio pour faire le point et les ramener. Mais ayant aperçu des mouvements suspects, Ambrosse décide de voir de plus près et se fait accompagner de Tavernier pour aller jusqu'à la paillote. Moulié reste vers la Clio. Alors que les deux hommes se trouvent tout près du restaurant, un incendie brutal se déclare. Ambrosse est brûlé.

Retour vers la Clio. Direction Battesti. Il est environ trois heures du matin. Ils se rendent compte alors que dans la panique le poste radio de l'équipe et la cagoule d'Ambrosse ont été perdus. Ambrosse n'ose pas me prévenir. Il voudrait auparavant avoir retrouvé le talkie-walkie.

Ambrosse rentre chez lui et renvoie sur le terrain

Moulié et Tavernier pour tenter de mettre la main sur le TMF. Ils s'y rendent avec le petit fourgon C25. Ambrosse prête son téléphone GSM à Tavernier.

Arrivé sur place, le lieutenant s'aperçoit qu'il y a déjà beaucoup de monde et qu'il est impossible de s'approcher pour chercher le poste radio. Il est 6 h 30 lorsque Tavernier me téléphone avec le GSM d'Ambrosse pour me rendre compte de la situation : Ambrosse est chez lui, blessé. Le poste n'a pas été récupéré. Je peux ainsi justifier l'appel du portable d'Ambrosse depuis la Cala d'Orzu ainsi que les mouvements de véhicules enregistrés sur bande vidéo. Tout doit tenir.

Samedi 24 avril tard dans la nuit. Pour la énième fois avec Dumont nous peaufinons notre alibi au mouvement près. Le lendemain, l'officier calera pour la dernière fois notre mise en scène avec les autres protagonistes de l'affaire. C'est lui qui est chargé d'appeler Ambrosse à Toulouse. Ensemble, nous convenons que nous nierons jusqu'au bout avoir participé à l'incendie de la paillote. Il y aura peut-être des doutes, mais pas de preuves.

Dimanche 25 avril, 9 heures. Le préfet ne semble pas particulièrement inquiet lorsque je lui explique le mensonge que je compte servir le lendemain. Pour lui, tout devrait tenir. Il me conseille de le rejoindre à midi au monument aux morts d'Ajaccio, en face de la mairie, où il doit présider la journée des déportés en présence d'un groupe d'anciens combattants et de personnalités locales. À l'issue de la cérémonie, il décide que nous rentrerons ensemble dans sa voiture. C'est une première. Une façon de montrer à l'assistance qu'il me garde toute sa confiance. Tout se déroule comme prévu. Jamais une cérémonie aussi modeste n'aura autant été médiatisée. En cette période de haut trouble, les photographes de presse guettent la moindre apparition publique de Bernard Bonnet. Nous serons mitraillés sous toutes les coutures lorsque nous monterons à bord de sa 605 noire blindée pour aller prendre un verre au palais Lantivy. Mon dernier verre avec le préfet.

Aéroport d'Ajaccio, dimanche 19 heures. J'embarque pour Paris après avoir embrassé Danièle dont le billet de retour n'est prévu que pour le lendemain matin. Nous nous disons peu de choses. Ma femme ne cerne pas parfaitement la situation : elle n'est pas dans la confidence et ne connaît que la version servie aux autorités judiciaires comme à la hiérarchie. J'ai tout fait pour la rassurer en lui expliquant que la gendarmerie n'est pour rien dans cette histoire. Mais je vois dans ses yeux qu'elle meurt d'inquiétude. On ne se retrouvera que deux mois plus tard.

Lundi matin. Je me présente au cabinet de la direction générale. Quelques minutes plus tard, le général Lepetit, inspecteur technique, arrivera, me demandera de le suivre dans une salle attenante, en me précisant qu'il est en train d'accomplir une tâche qu'il considère être la plus pénible de sa carrière : il m'annonce alors que, saisi de l'enquête, il me place en garde à vue. Ces « formalités » remplies, nous prenons immédiatement le chemin de la base aérienne militaire de Villacoublay où un avion nous attend. Retour à Ajaccio où nous serons directement conduits dans les locaux de la section de recherche, de ma section de recherches. Autant dire qu'il régnait une atmosphère des plus tendues. Lors de mon interrogatoire par mes collègues gendarmes de l'inspection technique je me tiens scrupuleusement à l'intrigue que nous avons déroulée avec Lionel Dumont. Ce dernier a eu le temps de me faire savoir que les deux officiers tout comme l'adjudant-chef Moulié ont tout assimilé dans les moindres détails de notre pièce de théâtre. Quelques heures plus tard, je croiserai Denis Tavernier et Éric Moulié dans le bureau du juge au tribunal d'Ajaccio. Nous nous adresserons des clins d'œil. Je sais à cet instant précis que notre scénario a fonctionné. Malheureusement, quatre jours plus tard, le lieutenant-colonel Bertrand Cavallier nous trahira et les retournera contre moi en leur faisant certainement miroiter l'espoir de minimiser leur responsabilité pour s'en sortir... Quel sens de la dignité pour des officiers !

XV

VENGEANCE

On se souvient que le 29 mars, le capitaine Ambrosse et son commando sont partis de nuit sur l'objectif Francis pour incendier la paillote de toutes les passions. Bertrand Cavallier est alors présent sur l'île et parfaitement au courant des activités clandestines du GPS. L'opération est interrompue au dernier moment pour des raisons de sécurité. Elle sera reconduite avec le « succès » tout relatif que nous lui connaissons dans la nuit du 19 au 20 avril.

Lorsqu'il apprend par les médias cette deuxième tentative, qui sera la bonne, Bertrand Cavallier est en permission avec sa famille sur le continent. Un hasard.

La veille de son retour sur l'île, le 24 avril, il reçoit un appel du préfet. Alors que, depuis quelques mois, il n'entretient avec l'officier que des contacts espacés, Bernard Bonnet n'hésite pas à lui téléphoner. Il est vrai qu'à ce moment précis la situation est délicate pour le successeur de Claude Érignac. Le restaurant « Chez Francis » a été l'objet d'un incendie qualifié de criminel. La cagoule d'Ambrosse, le poste radio et le poignard de Tavernier ont été découverts sur la plage. Je suis en garde à vue avec les trois protagonistes du scénario que nous avons monté : Ambrosse, Tavernier et Moulié. Bernard Bonnet s'inquiète de plus en plus.

Plus tard, lors de son audition par le juge Cambérou,

Bertrand Cavallier fera état de cette conversation téléphonique du 24 avril. Fidèle à son opportunisme, le préfet ne doute de rien. Affirmant au militaire qu'il a « encore de l'appétit, de nombreuses cartes dans sa manche et qu'il compte bien rester en Corse », celui-là même qui n'a rien fait pour aider Cavallier à figurer sur le fameux tableau d'avancement donne soudain des assurances à l'officier sur son avenir. Bernard Bonnet sait alors qu'il joue gros. C'est la raison pour laquelle il fait le forcing auprès de Cavallier. L'officier s'étonne de cette bienveillance empressée à son égard. Le surlendemain, le 26 avril donc, à peine rentré à Ajaccio, Cavallier reçoit un appel du préfet qui le convoque à 15 heures au palais Lantivy. L'officier est convaincu, je pense très sincèrement à tort, que notre scénario bidon ne tiendra pas la route et qu'à un moment ou à un autre la vérité sera découverte. Alors, ce jour-là, l'enquête montrera forcément qu'il était au courant de tout depuis le début et qu'il n'a pas dénoncé une opération que lui jugeait illégale. Il tient dans ce rendez-vous inespéré et non provoqué de sa part avec le préfet une occasion de se disculper en faisant croire que jusqu'alors il ne pensait pas que l'opération se réaliserait, mais surtout de se venger à la fois de Bernard Bonnet et de moi. Malin, le gendarme décide de se munir d'un magnétophone de poche. Selon les propos de Bernard Bonnet recueillis par la commission d'enquête parlementaire, ce genre de méthode serait familier à l'officier. Déjà, alors qu'il était en poste dans les Pyrénées-Orientales, le gendarme aurait contribué à déstabiliser un inspecteur de police en enregistrant clandestinement une conversation entre le centre opérationnel de gendarmerie de Perpignan et un policier de la police de l'air et des frontières concernant une affaire de reconduite à la frontière.

Tout, dans l'entretien enregistré par Bertrand Cavallier au palais Lantivy, reflète les méthodes du préfet Bonnet sur l'île. L'homme s'exprime par allusion. Néammoins, tout est clair. Sans jamais les nommer, il lâche Gérard Pardini, son directeur de cabinet, puis les militaires qu'il a fait monter en première ligne dans l'« affaire des paillotes » : moi-même, mes officiers et l'adjudant-chef Moulié. La conversation dure une dizaine de minutes. Il semblerait que l'officier ait quelque peu trafiqué la fin de la bande concernant plus particulièrement son cas personnel et son rôle au sein de la légion de gendarmerie. En voici quelques passages publiés à l'époque dans le magazine *VSD*.

Bernard Bonnet. – Ça va ?

Bertrand Cavallier. – Moyennement.

B.B. – Pourquoi ?

B.C. – C'est quand même lourd tout ça.

B.B. – Pourquoi ? Non. Il y a beaucoup de gens qui sont comme moi en ce moment. On lui dit (*Bernard Bonnet fait ici allusion au Premier ministre*)... Pardini, pourquoi a-t-il fracturé la DGA ? Pour récupérer les dossiers concernant le préfet, etc. Ça, c'est de source policière parisienne, je l'ai expliqué au Premier ministre... Ça fait beaucoup de choses tout de même : la presse de ce matin, l'AFP ; mais ce que je crains surtout c'est l'ambiance au niveau de la gendarmerie.

Le préfet évoque, à ce point précis de la conversation, la tentative de cambriolage dont je parlais plus haut, effectuée un dimanche de janvier dans les locaux de la Direction générale de l'administration, rue des Saussaies, à Paris, où sont classés les dossiers des hauts fonctionnaires. Il parle de Gérard Pardini parce que quelques jours plus tôt la presse a laissé entendre, à tort, que le directeur de cabinet pouvait être à l'origine de ce cambriolage, ce que Bernard Bonnet avait lui-même démenti.

B.C. – Moi, j'en reviens à la question centrale, c'est-à-dire que si l'hypothèse la plus défavorable se confirme...

B.B. – Ils ne peuvent pas monter très haut. Ils peuvent peut-être à la limite toucher mon voisin (*allusion à Gérard Pardini*) et encore, par ricochet, ce n'est pas dit ; toutes les... les précautions avaient été prises. Non, non. C'est là où chacun va s'arrêter, c'est là... D'ailleurs, c'est là.

B.C. – Pour la gendarmerie, c'est cataclysmique.

B.B. – Je ne vous le fais pas dire. Ils sont obligés de prendre des mesures, de toute façon, dans tous les cas maintenant.

B.C. – Il y avait pourtant un schéma plutôt ambitieux pour la gendarmerie.

B.B. – La gendarmerie va perdre en Corse. Elle va perdre. Mais elle peut encore se rattraper sur une affaire. Ils devaient aller le chercher quand le type du Crédit Agricole ?

Bernard Bonnet veut montrer qu'une fois l'affaire des paillotes réglée, les enquêtes entreprises en Corse sur les différents dossiers sensibles se poursuivront sous son impulsion.

B.C. – Ce devait être ce week-end.

B.B. – Je voudrais surtout qu'on tranche très rapidement (*mise en examen du patron de la légion de gendarmerie et des quatre incendiaires*), car j'estime que ça pose un problème pour les gendarmes. Mais ils ont entendu Mazères ?

Au moment de cette conversation, je suis en garde à vue. Bernard Bonnet ne peut l'ignorer.

B.C. – Il n'y a aucun doute. Pour moi, tout ça va être tranché. Cela dit, c'est une affaire où j'avais eu du nez. Sur le principe, moi j'étais...

B.B. – Non, il ne faut pas faire ça...

B.C. – Il y a quand même une conjonction d'éléments qui sont plutôt à charge qu'à décharge.

B.B. – Un jour, j'avais... j'avais dit, ce n'est pas là-bas qu'il fallait aller, il fallait aller quelque part... il aurait fallu aller... sur une plage...

B.C. – Vous savez, moi, je suis hors course. Je suis quand même hors du circuit depuis septembre. Interdiction de tout contact avec la SR.

B.B. – Même avec la SR ?

B.C. – Oui.

B.B. – Oh ! Pourquoi ne m'avez-vous pas dit tout ça ? Il y a un truc que je sens mais que je ne sais pas.

Cette cassette, complaisamment remise par le lieutenant-colonel Cavallier au juge Cambérou, ne sera utilisée que pour information par le magistrat. Bien que sans véritable valeur juridique elle constitue une pièce accablante contre Bernard Bonnet.

XVI

ET MAINTENANT

Fasciné. Après tous ces mois passés en Corse à la tête de la légion de gendarmerie, je ne crains pas aujourd'hui de dire que j'ai été littéralement fasciné par la personnalité de Bernard Bonnet. Galvanisé par son enthousiasme et sa façon d'insuffler une dynamique à ses plus proches collaborateurs, je me suis senti à ses côtés quasiment invulnérable, investi corps et âme d'une mission dont nous n'avions à rendre compte qu'à nous-mêmes. D'une force de caractère hors du commun, doué, je crois l'avoir montré, d'un grand pouvoir de séduction, Bernard Bonnet a réussi à me rallier à sa cause. Au point que j'en oublie de garder le recul évident dont je n'aurais jamais dû me départir. Encore maintenant, je tente d'analyser toujours plus en profondeur les raisons de ce manque d'objectivité, estimant avoir été loyal envers le préfet, et à travers lui envers l'État.

Après des années d'une carrière passionnante me permettant d'alterner les temps de commandement et les postes à dominante technique, mon affectation en Corse me donnait de nouveau la possibilité de retrouver un poste opérationnel sur le terrain. Gonflé à bloc, j'arrivais après un drame qui nécessitait la reprise en main énergique d'une île à la dérive. J'ai eu tort de croire, dans un premier temps, que cette situation exacerbée donnait aux représentants de l'État la possibilité de faire enfin respecter les principes de la loi républicaine. C'était sans compter les passe-droits politiques les arrangements entre élus, les petites, les grosses magouilles et le système D qui régissent l'économie locale au point de la paralyser.

Alors la passion l'a emporté sur la raison. Et tout a basculé. Pourquoi devant une telle inertie ne pas utiliser les armes de ceux que nous combattions ? Déjà, en envisageant une telle éventualité, nous aurions dû comprendre que les mâchoires du piège corse commençaient à se refermer sur nous. Un piège tout aussi dangereux pour ceux qui défendent les thèses d'un nationalisme à tout crin que pour leurs adversaires.

Isolés, retranchés sur une surface de huit mille six cent quatre-vingts km^2, les deux cent soixante mille habitants de cet univers clos ont vite tendance à se replier sur eux-mêmes et à penser qu'ils n'ont de comptes à rendre à personne. Cette mentalité a trop bien pris sur nous, et c'est dans cette spirale infernale que le préfet Bonnet nous a attirés. Sûrs de notre pouvoir, nous sentant presque Corses, nous avons fini, malgré nous, par nous inspirer des lois non écrites de la vengeance et des coups tordus qui régissent le paysage local. Nous avons eu tort.

Loin de moi aujourd'hui l'idée de rejeter l'intégralité de la faute sur un préfet que j'ai accepté de servir avec toute la loyauté dont je pouvais faire preuve. Dans cette affaire de paillotes, j'assume parfaitement ma part de responsabilités. D'autres, tels mes compagnons d'infortune qui ont accepté sans états d'âme d'obéir à mes ordres n'ont pas eu ce courage. Déterminés à sauver leur peau coûte que coûte, ils refusent la réalité et nient maintenant leur participation volontaire à ce mauvais fait divers. Plus encore qu'à la justice, c'est à leur conscience qu'ils doivent tous les jours rendre des comptes.

D'autres, tel le préfet Bonnet, en arrivent encore aujourd'hui à réfuter l'évidence. Cela me paraît indigne d'un haut fonctionnaire de la République. Comme « un gamin surpris la main dans le pot de confiture », pour reprendre l'une de ses expressions, il persiste à charger ses collaborateurs pour se disculper. Irresponsabilité, indignité, fragilité, que dire d'une telle attitude ?

Convoqué en octobre dernier comme tous les membres de notre équipe pour une expertise psychologique dans le cadre de la procédure criminelle inhérente à notre affaire, le préfet Bonnet a été le seul à s'y soustraire, prétextant que ce type de méthode était indigne de son rang. Je peux comprendre ses réticences. L'exercice est difficile, éprouvant. Durant quatre heures, deux médecins m'ont cuisiné sans me laisser un moment de répit. Tout y est passé : ma petite enfance, mes relations avec ma femme, mes enfants, jusqu'à la question finale. Comment vous sentez-vous dans la peau d'un criminel ? Comment ne pas sortir de mes gonds ? Furieux, je leur ai répondu que jusqu'à preuve du contraire j'étais encore présumé innocent et que leur attitude me paraissait bien inconséquente pour des experts près des tribunaux. Pourtant, contrairement à Bernard Bonnet, je n'ai pas eu peur de ce genre d'introspection mentale.

Il est regrettable d'en être arrivé à un tel gâchis. Mais à qui la faute ? Au préfet pour avoir donné l'ordre ? À moi pour ne pas m'y être opposé jusqu'au bout, pour avoir accepté ? Au GPS ? À la malchance ? Il est tellement facile de refaire l'histoire. Que dire d'autre sinon que j'ai fait exécuter l'ordre d'un préfet, du représentant du gouvernement nommé par lui en Corse et duquel il tire sa légitimité. J'ai analysé ma mission, exceptionnelle de par sa nature, mais que je considérais justifiée lorsque l'on tient compte du contexte dans lequel était plongée l'île au moment de ces événements. J'ai fait part de mon opposition à multiplier les actions contre les paillotes, le préfet en a tenu compte. Il a confirmé un seul objectif. Je revendique mon engagement à ses côtés, mais je refuse d'endosser les fautes qui ne sont pas les miennes.

Bien sûr, je n'aurais pas entériné cette mission si j'avais pensé que l'ordre du préfet était illégal. Certes, nous avons utilisé des méthodes atypiques pour mener à bien notre action mais, dans mon esprit, nous n'avons jamais agi que pour la bonne cause et c'était la seule issue pour y arriver. Une décision de justice enjoignait à l'administration de détruire une construction édifiée sur le domaine maritime, patrimoine de tous. Si j'en avais douté, si j'avais pensé que l'ordre était illégal, j'aurais trouvé un prétexte quelconque pour me faire relever de mes fonctions par mon directeur général. Plutôt que de trahir le préfet, en dénonçant son projet, j'aurais invoqué une subite incompatibilité avec lui, une incompatibilité majeure qui ne nous permettait plus de travailler ensemble. Je ne l'ai pas fait.

Voilà. Dire aujourd'hui que l'affaire des paillotes a brisé ma carrière et m'a profondément ébranlé psychologiquement est une évidence. Je ne m'appesantirai pas davantage sur mon sort. Mais quel militaire, quel officier peut jurer, à la lumière des événements que je décris plus haut, que son comportement aurait été irréprochable ? Il est difficile de juger en ignorant le contexte et sans avoir été confronté à une situation vraiment délicate. Récemment, un de nos anciens directeurs généraux, M. Patrice Maynial, déclarait : « Je plaide en faveur des gendarmes ; ils ne peuvent pas dire non, ou s'ils le peuvent, c'est très difficile. » Comme en écho, le rapport de la commission parlementaire mise en place pour évaluer les responsabilités de chacun dans cette affaire soulignait « la difficulté à désobéir dans l'arme, y compris à des ordres illégaux » et concluait : « Reste à améliorer la capacité d'un militaire de la gendarmerie à s'interroger sur les questions de déontologie et sur les limites existant au devoir d'obéissance. »

Face à certaines réalités, très exceptionnelles, on peut être amené à commettre des actes qui vont largement au-delà de ce que l'arsenal juridique prévoit. L'histoire récente en est jalonnée et elle ne parle que des échecs. Les succès restent secrets. Dans le cas précis des paillotes, j'admets humblement ne pas avoir fait preuve de tout le discernement nécessaire. Mais face à ces constructions sans existence officielle, peut-on réellement évoquer la question de l'obéissance à un ordre légal ou illégal ?

De toute ma carrière, je n'ai jamais refusé un ordre. Tout simplement parce qu'à aucun moment je ne me suis trouvé dans la position d'envisager un tel refus. Jusqu'au jour où....

Drapés dans leur honneur, certains collègues officiers qui aujourd'hui me pointent du doigt, se répandent en affirmant qu'à ma place, ils n'auraient bien sûr pas agi de la sorte et ne se seraient jamais lancés dans une telle aventure. Ces bien-pensants se situent parmi une caste qui, pour préserver un parcours professionnel sans écueils, ont plus connu l'épaisseur des moquettes que l'exposition à des situations extrêmes.

Deux généraux, et non des moindres, m'accablent en reportant sur moi seul la responsabilité du « dysfonctionnement » de l'affaire en mentant alors qu'ils ont prêté serment. N'auraient-ils pas dû plutôt essayer de comprendre, voire d'expliquer, ce qui a pu conduire un officier à obéir à un ordre que d'aucuns jugent inacceptable ? Ont-ils réalisé qu'en m'accablant de la sorte, c'est la gendarmerie qui apparaît comme l'unique responsable de cette affaire d'État ? Une prise de position qui arrangera certains mais qui portera un nouveau coup terrible à notre arme.

J'ai heureusement reçu des marques de soutien et de solidarité de personnels de la gendarmerie, généraux, officiers et sous-officiers, qui avaient eux aussi connu des situations délicates et sensibles au cours de leur riche carrière, et qui me comprenaient. Je me réfère également à la réaction d'un général d'active qui, à l'occasion d'une entrevue, m'a confié qu'il ne savait pas ce qu'il aurait fait s'il s'était trouvé à ma place.

Bafoué dans mon honneur, n'ayant pas l'impression de bénéficier de toute la fraternité d'arme que je pensais être en droit d'attendre, comment pourrais-je désormais rester en gendarmerie, ce corps que j'ai profondément aimé depuis ma plus tendre enfance, mais qui ne m'offre maintenant ni avenir ni nouveau défi à relever ?

Ma période de détention, particulièrement longue, a été très éprouvante, pour moi comme pour ma famille. Toutes mes demandes de libération ont été refusées, pour des motifs divers. Des « risques de troubles à l'ordre public » ont même été évoqués, risques qui semblent bien exagérés... Mais peut-être le comportement arrogant de Bernard Bonnet à l'encontre de la magistrature n'a-t-il pas été pour rien dans cette attitude particulièrement dure. Toujours est-il que le traumatisme a été grand de me retrouver traité comme un vulgaire malfrat. Et que dire de ma mère, de ma femme, de mes filles, de toute ma famille qui a été bouleversée par les allégations d'une presse pas toujours disposée à entendre toutes les explications et plutôt portée sur le sensationnel.

Et la Corse dans tout cela ? Au lendemain de la nuit tragique du 6 février 1998, la population écœurée par le lâche assassinat d'un préfet descendait dans la rue pour une manifestation silencieuse afin de réclamer la fin de la violence. Puis Bernard Bonnet arrivait, avec pour mission de mettre en place une vaste opération « mains propres ». Les têtes commençaient à tomber : celles de certains chefs de services administratifs, de quelques élus et de responsables socioprofessionnels. Pour la première fois depuis bien longtemps, des dossiers judiciaires étaient ouverts pour enquêter sur les dérives constatées dans la gestion des fonds publics. Mais la démonstration de force de Bernard Bonnet finissait par tourner court. Un an après sa prise de fonction, le gouvernement ne pouvait que constater l'échec relatif de sa politique. Au soir du second tour des élections territoriales de mars 1999 le constat était décevant : la gauche ressortait affaiblie de ces élections et les nationalistes de Corsica Nazione, proches du FLNC-Canal historique, obtenaient 17 % des suffrages. Leur meilleur score. Éclatait peu après l'affaire des paillotes. Ridiculisé par l'implication de son plus haut représentant sur l'île, le gouvernement ne devait son salut qu'à l'arrestation providentielle, le 24 mai, du commando des assassins du préfet.

Deux ans se sont écoulés depuis l'assassinat de Claude Érignac. Deux ans de coup de barre à bâbord, de coup de barre à tribord pour que l'on en arrive aujourd'hui à l'étude d'un statut d'autonomie. Dérision. Dans une tribune du *Monde* datant de janvier dernier, Jean-Guy Talamoni, chef de file de la coalition électorale Corsica Nazione se prononçait pour « une amnistie de tous les militants incarcérés ou poursuivis ». Mieux encore, il affirmait dans le huitième et dernier point du programme proposé comme base de négociation au gouvernement qu'« une solution politique qui ne prendrait pas en compte cette question essentielle n'était, en effet, pas concevable ». Cela signifierait-il que les assassins de Claude Érignac retrouveraient bientôt la liberté ? En février dernier, dans une autre tribune accordée au même journal, Madame Érignac s'étonnait de la mémoire courte d'un gouvernement qui, deux ans après un drame sans précédent, négociait comme si de rien n'était avec ceux qui se refusent à condamner les assassins de son mari. Comment peut-on accepter à une table de discussion un élu qui salue « la pureté de l'engagement d'Yvan Colonna » ? Comment ne pas être révolté par le simple fait qu'on puisse envisager de discuter avec ceux qui ne condamnent pas les assassins du préfet Érignac ? Comment ne pas alors être amené à minimiser le rôle dérisoire à côté de tout cela que nous avons joué en incendiant une paillote ? C'est pourtant de notre affaire dont on parle et parlera encore longtemps. Comme si le sang d'un préfet exécuté sur le bord d'un trottoir de trois balles dans la nuque n'avait laissé aucune trace. « Ma blessure te sera mortelle », affirme une maxime locale.

ANNEXES

ABRÉVIATIONS

C.R.O.S.S.MED.	Centre régional opérationnel de surveillance et de sauvetage en Méditerranée.
D.G.G.N.	Direction générale de la gendarmerie nationale.
D.N.A.T.	Division nationale antiterroriste.
E.P.I.G.N.	Escadron parachutiste d'intervention de la gendarmerie nationale.
G.M.	Gendarmerie mobile.
G.D.	Gendarmerie départementale.
G.P.S.	Groupe de pelotons de sécurité.
G.I.G.N.	Groupe d'intervention de la gendarmerie nationale.
G.S.I.G.N.	Groupement de sécurité et d'intervention de la gendarmerie nationale (regroupe le GIGN, l'EPIGN et le GSPR : groupe de sécurité de la présidence de la République).
M.O.	Maintien de l'ordre.
P.G.H.M.	Peloton de gendarmerie de haute montagne.

2e R.E.P.	2e régiment étranger de parachutistes (légion étrangère), basé à Calvi.
S.R.	Section de recherches.
S.R.P.J.	Service régional de police judiciaire (police nationale).
U.P.P.N.	Unité de protection de la police nationale (chargée de la protection de certaines personnalités, dont le préfet).
V.B.R.G.	Véhicule blindé à roues de la gendarmerie.

PRÉSENTATION SYNTHÉTIQUE DE LA LÉGION DE GENDARMERIE DE CORSE

La légion de gendarmerie de Corse est articulée autour :

– d'un **état-major** (cabinet, bureau organisation-évaluation-contrôle, bureau des ressources humaines, bureau renseignement, section télécommunications et informatique, service médical) ;

– de **services logistiques** (finances, matériels, affaires immobilières, atelier automobile) ;

– d'une **section de recherches**, la plus importante de France, articulée en une brigade criminelle et une brigade financière. La S.R., implantée à Ajaccio, dispose d'une antenne stationnée à Bastia ;

– du **groupe de pelotons de sécurité** (dissous en mai 1999) ;

– de **deux groupements de gendarmerie départementale** comportant au total 7 compagnies réparties en 57 brigades territoriales, 6 brigades de recherches, 4 pelotons de surveillance et d'intervention, deux pelotons motorisés répartis en 5 brigades motorisées, et un peloton de gendarmerie de haute montagne (voir schéma joint).

En outre, la légion est renforcée par des escadrons de gendarmerie mobile déplacés du continent, en nombre variable selon la situation (de 6 à 9), employés à des missions de maintien de l'ordre, de protection de bâtiments et de personnalités (sous-préfectures et sous-préfets, tribunaux d'instance...), d'escortes de transports sensibles (transports de fonds, d'explosifs, de cigarettes), et d'aide à la gendarmerie départementale dans ses missions traditionnelles de lutte contre la délinquance.

L'effectif de la légion de gendarmerie départementale de Corse est d'environ 1 040 militaires dont 37 officiers, auxquels il faut ajouter les quelque 600 à 750 gendarmes mobiles déplacés en renfort.

LA GENDARMERIE EN CORSE

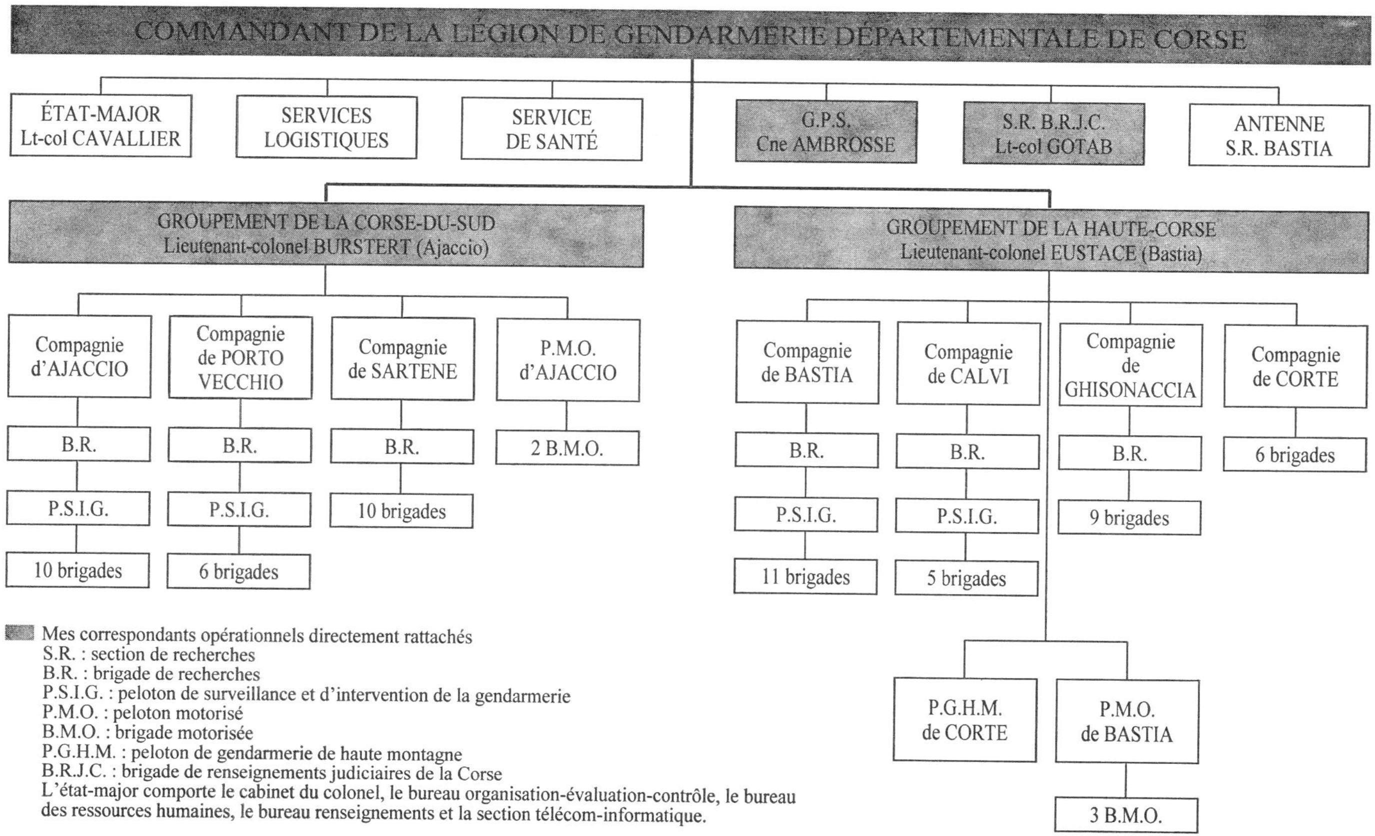

Mes correspondants opérationnels directement rattachés
S.R. : section de recherches
B.R. : brigade de recherches
P.S.I.G. : peloton de surveillance et d'intervention de la gendarmerie
P.M.O. : peloton motorisé
B.M.O. : brigade motorisée
P.G.H.M. : peloton de gendarmerie de haute montagne
B.R.J.C. : brigade de renseignements judiciaires de la Corse
L'état-major comporte le cabinet du colonel, le bureau organisation-évaluation-contrôle, le bureau des ressources humaines, le bureau renseignements et la section télécom-informatique.

LE GPS

GROUPE DE COMMANDEMENT
Capitaine AMBROSSE

PELOTON HORS RANG

Il comprend :

– Un service matériel/armement.
– Un service auto.
– Un service casernement.
– Un cercle mixte.
– Un groupe de soutien.

24 sous-officiers

PELOTON VBRG/PROTECTION
Lieutenant PESSE

– Missions d'un peloton V.B.R.G. au M.O.
– Missions de protection de personnalités :
  • Sécurisation de site (recherche d'explosifs avec équipe cynophile).
  • Protection éloignée (tireurs d'élite) et rapprochée de personnalités.

24 sous-officiers

PELOTON DE RENSEIGNEMENT ET D'OBSERVATION
Lieutenant DUMONT

– Observations statiques de personnes, de points ou de sites.
– Filatures pédestres ou embarquées.
– Mise en place de moyens dissimulés de prise de vues ou de sons.
– Intrusions dans les réseaux radio-électriques non protégés.
– Couverture et appui d'autres personnels de la gendarmerie (interpellations).

21 sous-officiers

PELOTON D'INTERVENTION
Lieutenant TAVERNIER

– Renfort à la G.D. :
  • Capture de forcenés.
  • Arrestation de malfaiteurs.
  • Escorte et surveillance de détenus dangereux.
  • Renforcement de la protection rapprochée de personnalités.
– Maintien de l'ordre.

25 sous-officiers

GENDARMERIE NATIONALE

LEGION DE GENDARMERIE DEPARTEMENTALE
DE LA CORSE
Etat-major - **Bureau organisation évaluation contrôle**

N° **217 - 23 FEVRIER 1999.**
2.EM.BOEC

Quartier-battesti - BP 402 - 20162 AJACCIO CEDEX
Tél. : 04.95.29.22.22 Poste : 20.51

NOTE DE SERVICE

OBJET : Sécurité caserne Battesti.

REFERENCE : N.D.S. n° 1469/2 EM/BOEC du 07.12.1998.

En dehors des personnels du PHR, les militaires du G.P.S notamment ceux du peloton d'intervention et éventuellement ceux des pelotons VBRG - protection et renseignements - observation, selon leur disponibilité, participeront au service de sécurité de la caserne Battesti en tant que chef de poste à raison de deux services par semaine.

Le tour de garde sera modifié en conséquence par la section commandement.

Le colonel **MAZERES**,
commmandant la légion de gendarmerie
départementale de Corse

DESTINATAIRES

- Lieutenant-colonel, commandant le groupement de gendarmerie départementale de Corse du Sud à AJACCIO.
- Lieutenant-colonel, commandant le groupement opérationnel de gendarmerie mobile déplacé, à AJACCIO.
- Chef d'escadron, commandant la section de recherches à AJACCIO.
- Capitaine, commandant le G.P.S à AJACCIO.
- Tous services E.M / SAT.
- Cercle mixte G.P.S
- Poste de sécurité.
- Dossier officier de permanence.

Lettres d'observations adressées au capitaine Ambrosse et au lieutenant Tavernier à la suite de la mission qui a mal tourné sur une barge près de Bonifacio.

GENDARMERIE NATIONALE

LEGION DE GENDARMERIE DEPARTEMENTALE DE CORSE
ETAT-MAJOR - COMMANDEMENT
Quartier BATTESTI - BP 402 - 20162 AJACCIO Cédex 1
☎ 04.95.29.20.86

N° 187/4 PO du 18 NOV. 1998

Le Colonel MAZERES commandant la légion de gendarmerie départementale de Corse,

au capitaine AMBROSSE, commandant le groupe de pelotons de sécurité

à AJACCIO.

O B J E T : Lettre d'observation.

REFERENCE : Circulaire n°26300 P/DEF/GEND.P.ETG. du 17 septembre 1990. (Cl. 91.05).

Le samedi 14 novembre 1998, dans le cadre d'un dispositif d'intervention de votre unité placé sous le commandement d'un de vos lieutenants, est survenu un évènement qui aurait pu avoir des conséquences dramatiques, et qui a nécessité l'engagement d'une opération de secours en mer d'envergure.

Or, vous avez personnellement vérifié l'évaluation de cette mission, en vous déplaçant sur le site d'emploi et arrêté ses modalités d'exécution.

De l'analyse des faits concernés, il apparaît que vous avez commis une faute grave dans le domaine de la sécurité, notamment en ne vous assurant pas de faire doter vos personnels d'équipements de sécurité nautique.

Je vous enjoins d'apporter désormais la plus grande attention au respect des conditions de sécurité de vos personnels tant à l'entraînement qu'en mission.

Je compte sur votre détermination et votre rigueur pour veiller scrupuleusement à l'application de ces directives.

Aucun nouveau manquement ne sera toléré.

Reçu un exemplaire
Date. grade. nom. signature : 23 - 11 - 1998
CAPITAINE AMBROSSE

GENDARMERIE NATIONALE

LEGION DE GENDARMERIE DEPARTEMENTALE
DE CORSE
ETAT MAJOR - COMMANDEMENT
Quartier BATTESTI - BP 402 - 20162 AJACCIO Cédex 1
☎ 04.95.29.20.86

N° 186/4 PO du 18 NOV. 1998

Le Colonel MAZERES commandant la légion de gendarmerie départementale de Corse,

au Lieutenant TAVERNIER, commandant le peloton d'intervention du groupe de pelotons de sécurité

s/c du capitaine commandant le groupe des pelotons de sécurité

à AJACCIO.

O B J E T : Lettre d'observation.

REFERENCE : Circulaire n°26300 P/DEF/GEND.P.ETG. du 17 septembre 1990. (Cl. 91.05)

Le samedi 14 novembre 1998, dans le cadre d'un dispositif d'intervention de votre unité placé sous votre responsabilité, est survenu un évènement qui aurait pu avoir des conséquences dramatiques, et qui a nécessité le déclenchement d'une opération de secours en mer d'envergure.

De l'analyse des faits concernés, il apparaît que vous avez commis une faute grave dans le domaine de la sécurité, en ne respectant pas les règlementations élémentaires en matière d'équipements nautiques, et en sous-évaluant grandement les conditions climatiques.

En conséquence, je vous enjoins d'apporter désormais la plus grande attention au respect des conditions de sécurité portant tant sur l'entraînement de vos personnels que sur les interventions que vous êtes amené à conduire.

Je vous mets en garde que tout nouveau manquement de votre part sera sanctionné sévèrement.

Reçu un exemplaire
Date, grade, nom, signature : Le 20 novembre 1998
Lieutenant TAVERNIER

La fameuse fiche qui n'a pas plu au juge Thiel
et qui a valu le dessaisissement de la gendarmerie
dans l'affaire de Pietrosella.

Direction générale de la gendarmerie nationale
Service des opérations et de l'emploi
Sous-direction des opérations
Bureau de l'animation et de la coordination

Le 29 octobre 1998

N° 1298 OPS/ANI/LAT

FICHE

Bureau de liaison
D.G.P.N.
auprès de la D.G.G.N.

OBJET : Déplacement du juge THIEL en CORSE.

Le 28 octobre 1998, le juge THIEL chargé du dossier de PIETROSELLA s'est rendu à AJACCIO où il a participé à une réunion de travail à la gendarmerie de BATTESTI en présence du commandant de la SR, du directeur du SRPJ et de leurs collaborateurs réciproques.

L'objectif du magistrat était de faire le point sur l'enquête de PIETROSELLA avec les deux services saisis (police - gendarmerie) suite, notamment aux échos lui étant parvenus sur les difficultés rencontrées par la SR d'AJACCIO pour conduire certaines investigations (1).

En préliminaire, le juge a fait des observations au SRPJ pour avoir transmis à la DNAT des procès verbaux de son service et de la SR (une trentaine) relatifs à l'enquête de PIETROSELLA, et a rappelé que ce service n'était pas saisi de l'affaire.

Il a été convenu que la SR d'AJACCIO :

- lui soumettra rapidement la liste des objectifs à interpeller (ils sont au nombre de six) et son plan d'action sur les investigations à réaliser pour recenser les détenteurs de sacs similaires à ceux utilisés lors de la prise d'otages. A ce sujet, le magistrat a précisé qu'il n'avait pas encore obtenu les résultats des expertises sollicitées,
- procédera à un recensement de tous les nationalistes connus à PIETROSELLA et ses environs,
- se transportera à PARIS dans la semaine du 16 au 22 novembre pour prendre connaissance du dossier « LORENZONI Marcel », mis en examen à son cabinet pour association de malfaiteurs en relation avec une entreprise terroriste.

La réunion a permis au juge de faire la connaissance du chef d'escadron GOTAB et de prendre acte de l'évolution du dossier et de la détermination des enquêteurs de la gendarmerie.

→ (1) A maintes reprises BAC a fait part de l'inertie du juge aux demandes de la SR d'Ajaccio à différents interlocuteurs dans le but de débloquer la situation.

TABLE DES MATIÈRES

Impression réalisée sur CAMERON
par BRODARD ET TAUPIN
La Flèche
en mars 2000

Imprimé en France
Dépôt légal : avril 2000
N° d'impression : 1377